Hartwig von Schubert

Integrative Militärethik
Ethische Urteilsbildung in der militärischen Führung

Standpunkte und Orientierungen: Band 5
Herausgegeben von Uwe Hartmann

Integrative Militärethik

Ethische Urteilsbildung in der militärischen Führung

Hartwig von Schubert

2015

Carola Hartmann Miles-Verlag

CIP-Kurztitelaufnahme der Deutschen Nationalbibliothek: Hartwig von Schubert, Integrative Militärethik. Ethische Urteilsbildung in der militärischen Führung, Berlin 2015.

Carola Hartmann Miles-Verlag, Berlin 2015

ISBN 978-3-945861-06-6

© Carola Hartmann Miles-Verlag,

George-Caylay-Str. 38, 14089 Berlin

(email: Miles-Verlag@t-online.de;
www.miles-verlag.jimdo.com)

Titelbild: Miles-Verlag

Herstellung: Books on Demand, Norderstedt

Alle Rechte, insbesondere das Recht der Vervielfältigung und Verbreitung sowie der Übersetzung, vorbehalten. Kein Teil des Werkes darf in irgendeiner Form (durch Fotokopie, Mikrofilm oder ein anderes Verfahren) ohne schriftliche Genehmigung des Verlages reproduziert oder unter Verwendung elektronischer Systeme gespeichert, verarbeitet, vervielfältigt oder verbreitet werden.

Printed in Germany

Inhalt

Einleitung 7

I. **Politik und Moral, Recht und Ethik** 12
   1. Vom partikularen Interesse 14
   2. ... zur universalen Norm 17
   3. ... und ihrer kritischen Begründung und Anwendung 28

II. **Ethische Aspekte einer Dienstvorschrift (HDv 100/100)** 37

III. **Integrative Militärethik: Menschenwürde und bewaffneter Kampf** 46
   1. Der bewaffnete Konflikt als ethische Herausforderung der Truppenführung 48
   2. Übung der Urteilsbildung im ethischen Entscheidungs-Check 56
   3. Zum idealtypischen militärischen Führungsprozess 64
   4. Zu den soldatischen Tugenden 75

IV. **Eine exemplarische Fallanalyse** 78

V. **Military Ethics: interdisziplinär und international** 84

Literatur 94

Einleitung

„,Truppenführung' ist eine Kunst, eine auf Charakter, Können und geistiger Kraft beruhende schöpferische Tätigkeit", so heißt es unter Ziffer 1003 in der Heeresdienstvorschrift 100/100 „Truppenführung von Landstreitkräften" des Deutschen Heeres vom November 2007 (HDv 100/100). Da die Truppe aus Menschen besteht, ist Truppenführung immer auch Menschenführung. Und jeder Mensch ist Träger einer unverletzlichen und unverlierbaren Würde, die auch bei der Führung der Truppe geachtet werden muss. Die Autoren[1] der Vorschrift schreiben dazu in der Ziffer 1005: „An die Persönlichkeit militärischer Führer stellt Truppenführung die höchsten Anforderungen. Stets orientieren sie sich an dem höchsten Wert des Grundgesetzes, der Menschenwürde."

Bei der Truppenführung gibt es demnach neben technischen, pragmatischen, politischen und juristischen auch moralische und ethische Gesichtspunkte. Aber was meinen wir überhaupt mit diesen Adjektiven? Dem widmet sich das erste Kapitel „Politik und Moral, Recht und Ethik". Darin stelle ich ganz bewusst nur sehr wenige Bezüge zu militärischen Fragen her, da ich die genannten Begriffe zunächst in zehn Thesen übergreifend klären möchte, um mich dann auf ihrer Grundlage militärischen Themen zuzuwenden.

Im Mittelpunkt militärischen Handelns steht die Ausübung massiver Gewalt[2] im bewaffneten Kampf. Das unterscheidet den Soldatenberuf von allen anderen Berufen. Dass der bewaffnete Kampf eine Frage von Moral

---

[1] Um die Lesbarkeit und Verständlichkeit der Studie nicht zu beeinträchtigen, begrenze ich geschlechtsspezifische Benennungen und Bezeichnungen auf das unabdingbare Maß.
[2] Vgl. *Stümke, Volker* (2013).

und Ethik sei, wird in der HDv 100/100 behauptet und von der moralischen Intuition bestätigt, aber inwiefern genau? Im Kapitel II wähle ich die genannte Vorschrift als repräsentatives Dokument aus dem Feld[3] und untersuche ihre einleitenden Abschnitte darauf, welche ethischen Themen dort berührt werden. Um das Ergebnis hier schon einmal anzuzeigen: Ich hebe aus dem Text sieben Themenstellungen hervor: (1) Zur Ausbildung der Urteilskraft, (2) Zur Verpflichtung auf das Grundgesetz, (3) Zu den besonderen ethischen Herausforderungen der Truppenführung, (4) Zum wechselseitigen Treueverhältnis von Staat und Soldat, (5) Zu den soldatischen Tugenden, (6) Zu Subsidiarität und Solidarität im Führungsprozess, (7) Zum gesellschaftlichen und politischen Kontext militärischer Entscheidungen.

Aus später noch näher zu erläuternden Gründen möchte ich diese aus der HDv 100/100 destillierte Liste neu gliedern:

A. Zur politischen Rahmenverantwortung

1. Zur Verpflichtung auf das Grundgesetz
2. Zum gesellschaftlichen und politischen Kontext militärischer Entscheidungen
3. Zum wechselseitigen Treueverhältnis von Staat und Soldat

---

[3] Truppenführung kann definiert werden als Führung von Kräften und Mitteln nach dem Prinzip der Operation verbundener Kräfte. Da es immer anspruchsvoller wird, die zunehmende Komplexität gegenwärtiger Einsätze zu bewältigen, fallen Entscheidungen der Truppenführung auf immer niedrigeren Führungsebenen. Die Geschichte der Vorschrift geht zurück bis ins Kaiserreich; vgl. *Scheven, Werner von* (1969). Sie wird in größeren Intervallen überarbeitet und stellt die zentrale und höchste Vorschrift im Heer dar, die auch von anderen Teilstreitkräften benutzt wird. Hauptadressaten in der Lehre sind die Teilnehmer an den Stabs- und Generalstabslehrgängen.

B. *Zur militärischen Verantwortung*
4. Zu den besonderen ethischen Herausforderungen der Truppenführung
5. Zur Ausbildung der Urteilskraft
6. Zu Subsidiarität und Solidarität im Führungsprozess
7. Zu den soldatischen Tugenden

Mit dieser Gliederung gewinne ich eine inhaltsanalytisch begründete, konstruktiv-kritische Basis für das zentrale Kapitel III: „Integrative Militärethik: Menschenwürde und bewaffneter Kampf". Ich setze zwar wie die Vorschrift (Ziff. 1011) bei allen Truppenführern ein solides intuitives Verständnis für die Notwendigkeit moralischer Urteilsfähigkeit voraus. Mancher aber hat vielleicht wenig Erfahrung, was genau damit gemeint ist und wie sie im Truppenalltag zum Tragen kommt. Auf Grundlage meiner in Kapitel I gewonnenen Definitionen und anhand meiner in Kapitel II entwickelten Themenliste kann ich in Kapitel III zeigen und in Kapitel IV an einem Fallbeispiel vorführen, worin die politisch-ethische und die militärisch-ethische Verantwortung des Truppenführers bestehen. Abschließend skizziere ich dann in Kapitel V „*Military Ethics:* interdisziplinär und international", wie in etwa die Konzeption und Weiterentwicklung einer künftigen „Integrativen Militärethik" aussehen könnte. Das Literaturverzeichnis am Ende gibt u.a. einen Eindruck, was die militärethische Zunft bisher vorgelegt hat.

Und noch zwei wichtige Punkte: Wer ist ein Truppenführer? Wenn ich der HDv 100/100 folge und den Truppenführer in den Mittelpunkt der folgenden Überlegungen stelle, ist mir bewusst, dass militärische Führer gemeint sind, die militärische Verbände in der Regel ab Brigadeebene aufwärts führen (Ziff. 1006). In der Militärethik geht es aber um selbständige Entscheidungen auf allen Ebenen, und auch in der Truppenführung wird Verantwortung zunehmend nach unten delegiert. Deshalb spreche ich alle Offiziere und Unteroffiziere und auch Mannschaftsdienstgrade an, die jetzt oder künftig mit Führungs- und Führungsunterstützungsaufgaben betraut werden (vgl. HDv 100/100 Vorbemerkungen 11 und 12). Denn viele Männer und Frauen entscheiden sich mit ihrem Eintritt in die Bundeswehr bewusst für einen modernen Aufstiegsberuf, wenn möglich sogar mit akademischen Abschlüssen.

Und die zweite Frage: Gibt es „das" Berufsbild des Truppenführers? Über 150.000 Soldaten der Bundeswehr haben inzwischen in Auslandseinsätzen Erfahrungen gesammelt. Die Bundeswehr hat das Personal der Nationalen Volksarmee integriert, sie verleiht Frauen dieselben Rechte und Pflichten wie Männern, sie hat mehrere Reformen durchlaufen. Ist es ihr gelungen, ein einheitliches und prägnantes Berufsbild des Truppenführers zu wahren und weiterzuentwickeln? Braucht sie das? Dazu dürften die arbeitsteiligen Funktionen moderner Streitkräfte schlicht zu heterogen und zu komplex sein. Schon gar nicht kann hier wie in früheren Generationen auf konfessionelle oder landsmannschaftliche Traditionen zurückgegriffen werden. Wenn sich inzwischen sogar die Volkskirchen zu Bürgerkirchen gewandelt haben[4], sollte es nicht umso selbstverständlicher sein, auch die Bundeswehr als eine Bürgerarmee anzusprechen? Sie braucht keine Sonderethik, sie braucht keine nationalreligiöse Weihe, sie braucht aber eine „Integrative militärische Ethik"[5], die auf

---

[4] Vgl. *Schubert, Hartwig von* (2015): Volkskirchen als Bürgerkirchen.
[5] Mit diesem Begriff lehne ich mich an das Programm eines verwandten Bereiches angewandter Ethik an: die „Integrative Wirtschaftsethik", vgl. *Ulrich, Peter* (2008[4]). Allerdings beschränke ich mich auf die Aspekte, die Ulrich dem einzelnen Unternehmen widmet: 427-499. Einer

einer Ethik des Menschen- und Völkerrechts fußt, die sich aus den professionellen Reserven verschiedenster Berufsgruppen speist und die interdisziplinär und international vermittelbar ist. Daraus entsteht vielleicht ein „Berufsbild" – und dies hoffentlich weder glorifizierend noch dämonisierend[6] – , sicherlich aber eine Organisationskultur, die es ermöglicht, die abstrakten normativen Grundlagen militärischen Handelns in den konkreten beruflichen Alltag zu übersetzen.[7]

Und noch ein letzter einleitender Hinweis: Die vorliegende Studie ist ein Entwurf einer Integrativen Militärethik und weit davon entfernt, als fertiges Endergebnis bestehen zu können. Sie soll erste Schneisen in das Feld

---

umfassenden Wirtschaftsethik entspräche eine umfassende Friedensethik, an der ich mich andernorts beteiligt habe, vgl. *Evangelisches Kirchenamt für die Bundeswehr* (2009); *Schubert, Hartwig von* (2013); *Schubert, Hartwig von* (2015): Frieden durch Recht. Integrativ anzulegen ist eine Militärethik im doppelten Sinne. Sie muss sich in eine umfassende Friedensethik integrieren, und sie muss andere als militärische Aspekte in ihre Konzeption integrieren. Eine „reine" Militärethik wäre vermutlich keine Militär*ethik*.

[6] Jeder Mythos ist hier fehl am Platz, die Bundeswehr braucht weder einen Soldatentyp „Siegfried" noch einen Typ „Hagen", weder einen „Verteidigungsbeamten" noch einen „Krieger", vgl. *Karst, Heinz* (1964); *Korn, Helmut* (1970[4]); *Bundesminister der Verteidigung, Führungsstab der Streitkräfte* (1971); *Evangelisches Kirchenamt für die Bundeswehr* (1990, Hrsg.); *Meyer, Georg* (1993); *Evangelisches Kirchenamt für die Bundeswehr* (2000); *Giordano, Ralph* (2000); *Wehler, Hans-Ulrich* (2003), 878-881; *Bargmann, Jens* (2004); *Gareis, Sven Bernhard / Klein, Paul* (2004, Hrsg.); *Bald, Detlef* (2005); *Kutz, Martin* (2006); *Greiner, Bernd* (2007) sowie die Beiträge in *Bohrmann, Thomas / Lather, Karl-Heinz / Lohmann, Friedrich* (2014, Hrsg.), 17-138.

[7] Dazu gehören sicherlich auch emotionale und traditionale Elemente. Interessant wäre eine Gegenüberstellung militärethischer Konzepte mit denen des militärischen Zeremoniells, vgl. *Steuten, Ulrich* (1999); *Euskirchen, Markus* (2005); *Höfele, Bernhard* (2005) sowie der Marketingkonzepte der Bundeswehr.

legen, mögliche größere Bögen und Verknüpfungen sichtbar machen und damit möglichst viele für die Mitarbeit an diesem Projekt gewinnen. Die Verweise in den Fußnoten werden hoffentlich nicht als Ausweis großer Wissensfülle des Autors missverstanden, sondern als Anregungen zum Weiterdenken im Sinne eines Mindmaps. Mein Anliegen ist es, die Praktiker zu erreichen, den Mann und die Frau, die die Truppe täglich führen. Ich bemühe mich dabei um eine solide wissenschaftliche Fundierung. Aber die Lesbarkeit und der Nutzen für die Praxis sind mir wichtiger als die Anschlussfähigkeit an wissenschaftliche Fragestellungen.

I. Politik und Moral, Recht und Ethik

Von Aristoteles stammt die hilfreiche Unterscheidung von *Praxis* und *Poiesis*. *Praxis* umfasst alle Tätigkeiten, die um ihrer selbst willen getan werden, ihren Zweck also in sich selbst haben, so gesehen also zwecklos sind. *Poiesis* ist der Sammelbegriff für alle Tätigkeiten, die ihren Zweck nicht in sich selbst haben, sondern in einer weiteren übergeordneten Tätigkeit. So fällt das tägliche Üben für die Vervollkommnung eines Werkes unter *Poiesis*. Der Genuss des Werkes allein um des Werkes willen dagegen ist *Praxis*. Die Unterscheidung soll Menschen anleiten, nach dem zu fragen, wofür sie leben und worin sie zur Erfüllung kommen wollen und welche Schritte dorthin führen.

Oftmals wundern wir uns und wollen verstehen und beurteilen, warum und wozu Menschen handeln. Worauf sind sie aus? Warum tun sie dies und unterlassen das, streben nach diesem, vermeiden oder verhindern jenes? Warum handeln sie einmal so und ein andermal anders? Um mich mit dem Leser auf einige Grundbegriffe zu einigen, die bei Erörterungen über menschliches Handeln üblich sind, mache ich zehn grob aufeinander abgestimmte terminologische Vorschläge, die sich im Wesentlichen an kantische Bestimmungen anlehnen und hier und da ältere und jüngere Begrifflichkeiten aufnehmen.[8]

Meine These lautet: Worin auch immer Menschen ihre Erfüllung sehen, auf dem Wege dorthin entwickeln sie eine Vorstellung darüber, was ihnen als (1) *geschickt* und (2) *klug* erscheint. Eingebettet ist dies, sofern sie sich als soziale Wesen verstehen, in Versuche, sich (3) *politisch zu* organisieren und sich dabei zugleich entlang von (4) *Moralvorstellungen* und (5) *rechtlichen Gesetzen* zu orientieren. Beim Einzelnen spiegelt sich diese Orientierung in seinem (6) *Gewissen,* in seiner *Tugend* und seiner *Haltung.* Im Zusammenleben orientieren sich die Einzelnen wiederum in Prozessen (7) kollektiver *Verantwortung* und gegenseitiger Rechenschaft. Beides wirkt vermutlich wechselseitig aufeinander. Das Ergebnis kann eine (8) *Regel* oder eine *Norm* sein, die verschiedene *Kriterien* für Handlungsentscheidungen zusammenführt. Erst mit den wissenschaftlichen Diskursen zur Begründung und Weiterentwicklung von komplexen Systemen von Regeln und Normen betreten wir die Ebene der (9) *Ethik* bzw. der *Rechtsethik.* Von dieser Ebene aus können nun wissenschaftlich umfassend begründete (10) *Urteile* über Handlungen getroffen werden,

---

[8] Auf welches Parkett ich mich mit einer solchen bescheidenen Anlehnung an die „Grundbegriffe" von Max Weber begebe, ist mir durchaus bewusst; vgl. *Weber, Max* (2005). Ich gehe in dieser Studie eher handlungstheoretisch vor und erweitere sie, wo es mir sinnvoll erscheint um systemtheoretische Aspekte. Welche Voraussetzungen und Konsequenzen dabei zu diskutieren sind, zeigt *Schluchter, Wolfgang* (2000). Der knappe Rahmen dieser Studie zwingt mich zu Zuspitzungen, die erstens die Diskussion anregen und nicht abschließen sollen und zweitens dazu dienen, bei gravierenden Einwänden den Dissens markieren zu können. Drittens verweise ich über meine plakativen Vorschläge hinaus auf die viel ausführlicheren und fruchtbareren Begriffsklärungen bei *Ebeling, Klaus / Gillner, Matthias* (2014).

in denen alle neun vorhergehenden Gesichtspunkte zusammenfließen.

Die Einsicht, dass sich die zentralen Aspekte Geschick und Klugheit, Politik und Moral, Recht und Ethik im Urteilen und im Handeln vermutlich immer bündeln und miteinander verschmelzen, sollte davor warnen, sie trennscharf voneinander abgrenzen zu wollen.[9] Die Übergänge sind fließend, die Sinnachsen laufen mal parallel, gelegentlich kollidieren sie. Jeder Aspekt folgt einer Hauptachse, die ich im Folgenden herausarbeiten möchte.

1. Vom partikularen Interesse ….

1. **Geschicklichkeit** ist die Beherrschung eines Mittels zu einem gewünschten Zweck, z.B. eines Werkzeugs in einem Handwerk, einer Waffe in einem Kampf, einer Arznei bei einer Behandlung, eines Balles in einem Spiel, einer Methode bei einer Untersuchung, eines Argumentes in einer Debatte. Sie umfasst Prädikate wie *Effizienz, Effektivität, Präzision, Haltbarkeit, Stabilität, Flexibilität.* Rein praktisch-technisch-instrumentelle Normen schreiben die formalen Strukturen, Prozesse und Ergebnisse vor, nach denen die betreffende Praxis erforscht, gelehrt und erlernt, geübt und ausgeübt und weiterentwickelt wird. Wer sein

---

[9] Die Zeiten, in denen die Frage nach dem guten Leben kurzerhand mit dem Verweis auf private Präferenzen und nicht weiter zu diskutierende Bindungen und Setzungen erfolgreich abgefertigt werden konnte, neigen sich nun wirklich dem Ende zu. Soll die Vielfalt an Kulturen und Lebensformen gerade nicht einer sublim herrschenden Leit-Moral unterworfen werden, dann muss man den Streit um die Gründe erwachsener Moralität wünschen und zulassen, vgl. *Jonas, Hans* (1984); *Höffe, Otfried* (1985); *Margalit, Avishai* (1996); *Steinfath, Holmer* (2001); *Taylor, Charles* (2002); *Taylor, Charles* (2007); *Neimann, Susann* (2008); *Huber, Wolfgang* (2013); *Scheliha, Arnulf von* (2013); *Bieri, Peter* (2014); *Jaeggi, Rahel* (2014).

Handwerk in jeder dieser Teilschritte und in körperlicher, seelischer, also emotionaler und geistiger Hinsicht beherrscht, ist ein virtuoser Meister seines Fachs. Äußerst praktisch ist eine gute Theorie. Zur vollendeten Meisterschaft bedarf es eines besonderen Talentes und Genies. Bei großen Künstlern sprechen wir weniger von Geschicklichkeit als z.b. von Virtuosität, bei geistigen Fähigkeiten von Intelligenz.

2. **Klugheit** ist die Verwendung eines Mittels für einen *nützlichen* Zweck in *umsichtig und vorausschauend wohlkalkuliertem Eigeninteresse*. Das Handwerk mehrt das Einkommen, der Kampf führt zum Sieg, die Methode zur Erkenntnis, das Argument überzeugt. Klug nennen wir z.B. Paare, die knappe Güter zum Wohle ihrer ganzen Familie für mögliche schlechte Zeiten aufsparen und pfleglich aufbewahren. Klug ist, wer ökonomisch und strategisch denkt und sein Hab und Gut bewahrt und mehrt. Klugheit und Geschicklichkeit unterscheiden sich, da man bekanntlich sehr geschickt und dennoch unklug handeln kann, wenn man z.B. hocheffizient genau den Ast absägt, auf dem man sitzt.

3. **Politik** ist der Name für diejenige Praxis, in der Menschen ihre gemeinschaftlichen Anliegen in Sachen Geschicklichkeit und Klugheit milieu- und kulturübergreifend zu *gesellschaftlichen Interessen* bündeln, ordnen, organisieren und institutionalisieren und sie angesichts von Interessenkonflikten in *Kult-, Herrschafts- und Rechtsordnungen* durchsetzen. Nicht selten wird die Ansicht vertreten, dass es letztlich „nur" Interessen sind, die das Handeln von Menschen bestimmen. Die Politikwissenschaft kennt aber mindestens drei klassische Denkschulen: die neorealistische Schule geht vom Interessen- und Machtkalkül aus, die liberal-institutionalistische Schule rechnet mit aufgeklärten Vernunftprinzipien, die konstruktivistische Schule

eher mit situationsbedingten teils opportunistischen teils prinzipiengeleiteten Mischungen. Alle drei zusammen spiegeln vermutlich den mal mehr, mal weniger erfolgreichen und nie abgeschlossenen Versuch, aus dem Naturzustand in den bürgerlichen Zustand zu wechseln.

3.1. Von Gesellschaften im *modernen* Sinne sprechen wir, wenn menschliche Ordnungen nicht als Ergebnis kosmischer oder göttlicher Gesetzen hingenommen werden, sondern wenn eine Gesellschaft sich selbst als Autorin und Gesetzgeberin ihres Schicksals versteht. Bei der Entwicklung der Herrschaftsform tendieren solche Gesellschaften zur Demokratie, aber auch absolute Monarchien und Diktaturen können bei entsprechend breiter Akzeptanz in diesem Sinne als „modern" gelten. In diesem Sinne verstanden, ist „Modernisierung" nicht per se an die Idee der Menschenrechte gekoppelt. Vielmehr soll die Befolgung der Menschenrechte Probleme lösen, die u.a. durch Modernisierungen massiv verstärkt werden.

3.2. Wo immer Zwecke gesetzt werden, sei dies als *das Politische* bezeichnet, wo immer diese Zwecke auf einen in hohem Grade gewaltbewehrten Gegenwillen treffen und deshalb zunächst dessen Herrschaftsanspruch oder andere hohe Barrieren zu überwinden sind, sei dies als *das Strategische* bezeichnet. Die Strategie definiert die Ziele, die eine Organisation als ganze zur Erfüllung eines Zwecks erreichen muss. Auf der strategischen Ebene geht es um die Führung der gesamten Organisation, auf der operativen Ebene um die der Hauptabteilungen, auf der taktischen Ebene um die der Unterabteilungen. Wer strategisch, operativ und taktisch klug oder mit Max Weber gesprochen „zweckrational" handelt, wägt frühzeitig Zwecke, Ziele, Mittel, Folgen und Nebenfolgen sorgfältig ab, und entscheidet sich dann dem leitenden politischen Zweck entsprechend für die optimale Abstimmung der

Zweck-Ziel-Mittel-Relation. Je komplexer die Sphären des Politischen und des Strategischen jeweils in sich selbst sind, desto mehr müssen Politiker und Strategen voneinander lernen, desto anspruchsvoller wird ihre Kommunikation. Wer den Zweck definiert, hat das Nachfragemonopol, wer sich mit Zielen und Mitteln auskennt, hat das Angebotsmonopol. Bei zweckrationalen Handlungen liegt der Primat also per definitionem bei der Politik.

3.3. Die Adjektive geschickt und klug, auch im politischen Sinne, werden zuweilen in dem Wort *„pragmatisch"* zusammengefasst. In der Philosophie, Linguistik und Kommunikationstheorie stehen „Pragmatik" und „Pragmatismus" für bestimmte Fächer und Schulen. Umgangssprachlich dagegen wird eine Lösung dann „pragmatisch" genannt, wenn sie sich als „praktisch", „nützlich", „sachlich", „fachkundig" und „undogmatisch" erweist. Der Begriff der Politik steht damit an der Grenze zwischen Pragmatik und Ethik. Ich rechne ihn deutlich mehr auf die Seite der Ethik, wenn denn Politik auf das Wohl der Polis und nicht das der Politiker gerichtet sein soll.

2. ... zur universalen Norm ....

4. **Moral** steht für ein verhaltensbestimmendes *Orientierungswissen Einzelner oder einer Gruppe oder Gemeinschaft*, das über Geschicklichkeit und Klugheit hinausgeht und sich oftmals auch der politischen Beherrschung entzieht. Im Begriff der Moral liegt der Anspruch, die Geschicklichkeit, die Klugheit und auch die Politik zu bestimmen und nicht umgekehrt. Wer geschickt, klug und politisch erfolgreich moralische Bedenken überspielt, den nennen wir „schlau", es bleibt dabei ein Unbehagen. Denn in ihrer Moral geben sich Menschen eine höhere Bestimmung, z.B. wie die Helden mythischer Vorzeit. Sie wählen hehre Ziele, trotzen Gefahren, nehmen Entbehrungen auf sich und setzen

sich mit großer Leidenschaft und Hingabe für eine Lebensaufgabe oder für die Gemeinschaft ein. Geschicklichkeit und politische und strategische Klugheit werden dabei nicht außer Kraft gesetzt, sondern in den Dienst der höheren Sache genommen. Dabei können sehenden Auges Risiken eingegangen werden, denen man sonst ausweichen würde. Läuft das nun den eigenen Interessen zuwider oder sollten wir einfach von höheren oder übergeordneten Interessen sprechen, die die nachgeordneten übersteuern?

4.1. In der Regel wird die Moral einer Kultur durch Mythen begründet und tradiert und durch Riten zu Institutionen verfestigt, die emotionale Bindungen stiften und Traditionen, Sitten und Manieren prägen. Was sind *Mythen*? Das sind Interpretationen epochaler historischer Erfahrungen, sie stiften gemeinschafts- und institutionsbildenden Sinn durch bildhafte Erzählungen aus weltentscheidender Zeit. Was sind *Institutionen*? Das sind Sätze von Regeln und Ressourcen, auf die sich Menschen in ihrem gemeinsamen Handeln unhinterfragt beziehen. Die aufgeklärte *Religion* weiß, dass die Bilder Bilder sind, sie ergänzt die mythischen Bilder und die oftmals eher unbewusst angeeignete Moral durch zunehmend *rationale Begründungen*. So postuliert z.B. die Moralphilosophie in der Tradition Immanuel Kants mit dem Begriff des guten Willens die innere Freiheit vernünftiger Individuen, sich selbst ein Gesetz zu geben, welches mit ihrer und der Freiheit aller anderen Vernunftwesen übereinstimmt. Die Vernunft selbst vertritt hier quasi ihr Interesse an Selbsterhaltung. Als offenes, inklusives, universelles und unendliches Prinzip ist dies durch und durch idealistisch, denn die menschliche Praxis ist immer endlich: Niemand kann sich um alle kümmern; wer die einen einschließt, schließt andere aus. Deshalb ist z.B. die Freiheit aller Menschen ein *regulatives Ideal,* das dem Streben nach Rede- und Glaubensfreiheit und Freiheit von Furcht und Not ein unendliches Ziel setzt.

4.2. Die Weise, wie Menschen handeln und ihre Moral ausbilden, ist in hohem Maße *pfadabhängig*, denn das Handeln steht in Wechselwirkung mit den Beziehungen und Verhältnissen, in denen Menschen leben. Die Art der Beziehungen prägt die Art der Handlungen und umgekehrt. Wer z.B. aggressiv und rücksichtslos handelt, steckt andere damit an. Reagieren sie aggressiv, kann er sich bestätigt fühlen. Je aggressiver die Stimmung in einem Milieu, desto aggressiver handeln seine Mitglieder. Dasselbe gilt für friedliches und faires Verhalten. Auch das wirkt ansteckend. Ein friedliebender Mensch mag sogar auf Selbstverteidigung verzichten und auf die Kraft menschlicher Güte vertrauen und das Risiko, dabei ausgenutzt zu werden, willig tragen. Angesichts der Gefahr hochgefährlicher Angriffe lädt er so jedoch auch Anderen erhebliche Risiken auf. Insbesondere bei der Ausübung hoheitlicher Gewalt bewährt sich deshalb im Blick auf gewaltbereite Gegner eine Mischung aus Abschreckung und Kooperation. Wer auf Frieden aus ist, wird die Spirale der Gewalt möglichst nicht weiter nach oben drehen, sondern bei der ersten sich bietenden Gelegenheit wenden und der Gewalt mit Humor, Anstand und Fairness begegnen. Aber solche Gelegenheiten und das entsprechende Vertrauen muss man sich mit viel Geduld im politischen Prozess erarbeiten. Die genannte Wechselwirkung gilt im Kleinen alltäglicher Begegnungen z.B. bei persönlichen Vorurteilen wie auch im Großen gesellschaftlicher Verhältnisse.

4.3. Eine konkrete gelebte Moral gilt wie übrigens auch ein konkretes positives Recht faktisch immer nur partikular und regional begrenzt, innerhalb ihres Geltungsbereichs jedoch *universell*, und sie ist *prinzipiell offen* für

Erweiterungen. Die Moral einer Mafia oder das Recht eines rassistischen Staates mögen zwar Entsagung und Disziplin, Mut und Tapferkeit fordern, sie sind jedoch gemessen an den Idealen der Würde, Gleichheit und Freiheit aller Menschen prinzipiell geschlossene, exklusive, selektive und deshalb ethisch völlig inakzeptable Normensysteme, die Nichtmitgliedern die Menschenrechte aberkennt.

5. **Recht** ist der Name eines Orientierungswissens, das sich noch einmal deutlich von handwerklich-fachlichem Geschick, von Klugheit, Politik und auch von Moral unterscheidet, obgleich es sie alle voraussetzt. Denn für das *äußerliche* Zusammenleben *potentiell aller* Vernunftwesen ist nun ein wie bei der Moral ebenfalls erfahrungsunabhängiger, rein rationaler Begriff zu finden, der im Unterschied zur Moral aber eine äußere Freiheit in Gemeinschaft ermöglicht, und das ist das Recht. Es ist *„der Inbegriff der Bedingungen unter denen die Willkür des einen mit der Willkür des anderen nach einem allgemeinen Gesetze der Freiheit zusammen vereinigt werden kann"*, so Kant in den Metaphysischen Anfangsgründen der Rechtslehre im Rahmen seiner Metaphysik der Sitten von 1797 / 1798 (= RL § B.).[10] Nicht eine höhere Einsicht in einen allgemeinen Willen, nicht das gute Leben, nicht die Stimme des Naturrechts, nicht einmal die innere Freiheit, sondern ausschließlich die äußere Freiheit wird inhaltlich bestimmt und zwar als Macht zu tun, was man will, zu lassen, was man will, zu leben wie man will. Und diese äußere Freiheit soll nur eine einzige Grenze haben, und das ist die äußere Freiheit des Anderen. Denn wenn Willkür freigestellt und ihr keinerlei innere Selbstbeschränkung auferlegt wird, muss eine äußere Beschränkung an deren Stelle treten. Die Rechtsgemein-

---

[10] Vgl. *Höffe, Otfried* (2000, Hrsg.).

schaft ist verpflichtet, einen legitimen Zwang auszuüben, der nicht der Willkürfreiheit *eines* Einzelnen, sondern *aller* Einzelner Raum verschafft und damit der Gerechtigkeit Genüge tut *(Duty to Protect)*.

5.1. Das Recht gründet auf dem freien Entschluss, sich überhaupt auf das *Recht als selbstorganisierendes Medium im Kampf um Recht* und Gerechtigkeit einzulassen. Recht gründet auf Gewaltverzicht, zu seiner Erhaltung jedoch ist Gewalt legitim, frei nach dem Faust-Zitat „Das erste steht uns frei, beim zweiten sind wir Knechte". Und Gerechtigkeit meint hier zunächst nur, Gleiches gleich und Ungleiches ungleich zu behandeln. Auch der Streit zwischen verschiedenen Rechtsauffassungen und Rechtssystemen wird ebenfalls im Medium des Rechts ausgetragen, durch Einschaltung einer höheren Instanz. Auf diese Weise ist positives Recht, das dieser Rechtsidee folgt, immer das Ergebnis von Verhandlungen zwischen prinzipiell freien und vor dem gemeinsam zu schaffenden Recht gleichen Partnern.

5.2. Mehr als von der *Zwangsandrohung* lebt das Recht von der *Rechtstreue* der Rechtsgenossen und der Erwartung ihrer Festigkeit trotz wiederholter Enttäuschung. Diese wird durch eine plausible rechtsethische Begründung von Gesetzen unterstützt. Denn positives Recht muss nicht Recht im Sinne des genannten Ideals sein, in totalitären Systemen herrscht sogar systematisch rechtsförmiges Unrecht. Man kann nämlich geschickt, klug und politisch gut organisiert und sogar legal handeln und handelt dennoch unmoralisch. Dann kann es moralisch geboten sein, gegen das vordergründige Eigeninteresse, gegen die Mächtigen und gegen gesetztes Recht zu handeln. In der Regel ermöglichen demokratisch-rechtsstaatliche Verfassungen jedoch, Herrschaftsstrukturen und Recht in politisch geordneten Verfahren und nach menschenrechtsethischen Prinzipien kontinuierlich weiterzuentwickeln.

5.3. Als institutionelle Rahmungen von Rechtsordnungen haben sich in modernen Gesellschaften *Nationalstaaten als Rechtsstaaten* herausgebildet und sich gegen konfessionelle und imperiale Ordnungsvorstellungen weithin durchgesetzt. Die nationalstaatlich verfassten Rechtsordnungen haben sich im 20. Jahrhundert offiziell einer *internationalen Rechtsordnung als Friedensordnung* unterworfen. Deren Grundlage bleibt die sogenannte „Westfälische" Welt souveräner Staaten, die sich in der VN-Charta auf ein Gewaltverbot verpflichtet haben. Es gelten nur zwei Ausnahmen: Sie dürfen sich selbst verteidigen und sie dürfen in Systemen kollektiver Sicherheit auch militärisch gegen Gefährdungen des Friedens in der Welt vorgehen und dürfen dabei als einzige das sogenannte Kombattantenprivileg zuteilen. Mit den im Recht bewaffneter Konflikte niedergelegten und gleichwohl hochproblematischen Handlungsbefugnissen des Kombattantenprivilegs – der Befugnis zur straffreien Tötung von Menschen – dürfen Staaten ihre Streitkräfte nur im Fall bewaffneter Konflikte ausstatten, ansonsten gelten friedensrechtliche Grundsätze.

5.4. Eine Verantwortung zum Schutz von Bürgern eines anderen Staates *(Responsibility to Protect)* unter Verletzung seiner Souveränität ist völkerrechtlich nicht kodifiziert. Als Menschenrechtsverletzungen, die ein Eingriff der Staatengemeinschaft in die Souveränität eines Staates verlangen können, gelten nur die folgenden vier Tatbestände: Völkermord, Kriegsverbrechen, Verbrechen gegen die Menschlichkeit und ethnische Säuberungen.

5.5. Das Völkerrecht kennt kein letztes Gewaltmonopol, deshalb lebt es ausschließlich von der *Rechtstreue insbesondere seiner Garantiemächte*, die oftmals zu wünschen übrig lässt. Politische Ethik, insbesondere wenn sie sich der Anwendung des staatlichen Gewaltmonopols widmet, ist vor allem Rechtsethik, die in Verbindung mit einer Polizeiethik oder einer Militärethik verfasst wird. Dem trage ich im Literaturverzeichnis in besonderer Weise Rechnung. Viele Staaten erlauben sich willkürlich, verdeckte Kriege zu führen und gegen den Grundsatz des Kombattantenprivilegs zu verstoßen. Sie statten Personen mit Kampfaufträgen aus, ohne dies öffentlich kenntlich zu machen. Sie begünstigen die Entstehung nicht-staatlicher Kampfverbände und vergeben Kampfauftrage an private Militärdienstleister. Sie schüren damit den unkonventionellen oder irregulären Krieg, und zwar nicht in dem Sinne, dass sie zum Einsatz von Massenvernichtungswaffen übergingen, sondern indem sie den Krieg entgrenzen und seine in den letzten zwei Jahrhunderten mühsam erstrittene Verregelung zunichtemachen. Sie verraten damit ihren eigenen Anspruch und werden oftmals binnen Kurzem selbst zu Opfern ihrer Kurzsichtigkeit.

6. Von **Gewissen, Tugend, Willens- und Urteilskraft, Charakter, Haltung, Mentalität, Manieren, Ehre oder Anstand** sprechen wir, wenn moralische Prinzipien und rechtliche Vorschriften durch *Nachahmung, Erziehung, Unterricht und Übung erlernt und verinnerlicht* werden.

6.1. Ein zentraler Aspekt jeder Tugendlehre ist die Suche nach der von Aristoteles in die Ethik eingeführten *Mitte*. So liegt die Mitte zwischen Tollkühnheit und Feigheit in der Tapferkeit, zwischen Unerbittlichkeit und Willfährigkeit in einer individuellen Mischung aus Strenge und Milde. Die Tugend ist also nicht einfach die arithmetische Mittle zwischen zwei entgegengesetzten Lastern, sondern eine lebendige, situativ variierende Balance.

6.2. Bei diesem subjektiven Aspekt von Handlungen kommen Unterscheidungen zum Tragen z.B. zwischen

„irrtümlich", „versehentlich", „fahrlässig", „vorsätzlich" und *„absichtlich"*. Sie betreffen im strengen Sinn nur Unterlassungen: Wer ungeachtet schädlicher Folgen handelt, weil er diese gar nicht erkennen konnte, handelt irrtümlich. Wer sie mit Glück hätte erkennen können und dann vermieden hätte, handelt versehentlich. Wer sie mit etwas Mühe hätte erkennen und vermeiden können, handelt fahrlässig. Wer sie erkennt und billigend in Kauf nimmt, handelt vorsätzlich. Wer sie geradezu wünscht und gezielt anstrebt, handelt absichtlich. Gegen Leichtsinn erziehen wir uns zu „Sorgfalt", „Treue" und „Gewissenhaftigkeit". Gegen Fahrlässigkeit, Vorsatz und Absicht muss man schon mehr aufbieten, die intrinsische Motivation zur „Rechtstreue" stärken und die Einhaltung von Pflichten anmahnen oder erzwingen. Der kantische Katalog der Pflichten enthält eine weitere wichtige Unterscheidung zwischen a) *geschuldeten Pflichten,* erstens gegen sich selbst, z.B. das Selbstmordverbot, zweitens gegen Andere, z.B. das Verbot falscher Versprechen, und b) *freiwilligen Pflichten* erstens gegen sich selbst, z.B. das Gebot der Persönlichkeitsentwicklung, zweitens anderen gegenüber, z.B. das Hilfegebot. Begriffe wie Hilfsbereitschaft, Mitleid und Barmherzigkeit zeigen an, dass Menschen emotional berührt sind und aus außeralltäglichen Quellen schöpfen.

6.3. Hilfreich ist die Unterscheidung von *Primär- und Sekundärtugenden*. Geschichtlich wirksam wurde z.B. die Liste der vier Primär- oder Kardinaltugenden, die Platon in der *Politeia* und den *Nomoi* vorstellt: die Klugheit (*phrónesis*) oder Weisheit (*sophía*) der Philosophenkönige, die Tapferkeit (*andreia*) der Wächter des Staates, die Besonnenheit (*sophrosýne*) aller ihrer Bürger und die Gerechtigkeit (*dikaiosýne*), die alle drei Stände zusammenhält. Der Begriff Sekundärtugend stammt aus dem deutschen Positivismusstreit und der Debatte um den Wertewandel in den 1970er/1980er Jahren. Disziplin, Fleiß, Fürsorglichkeit,

Gehorsam, Großzügigkeit, Höflichkeit, Mut, Ordnungsliebe, Pflichtbewusstsein, Pünktlichkeit, Treue, Sauberkeit, Selbstbeherrschung, Sparsamkeit, Sorgfalt, Strenge, Wahrhaftigkeit, Zuverlässigkeit können einem guten Willen zwar dienlich sein und ohne sie wäre er sogar recht schwach, aber sie flankieren ihn nur: „Einige Eigenschaften sind sogar diesem guten Willen selbst beförderlich und können sein Werk sehr erleichtern, haben aber dem ungeachtet keinen inneren unbedingten Wert, sondern setzen immer noch einen guten Willen voraus, der die Hochschätzung, die man übrigens mit Recht für sie trägt, einschränkt und es nicht erlaubt, sie für schlechthin gut zu halten. Mäßigung in Affekten und Leidenschaften, Selbstbeherrschung und nüchterne Überlegung sind nicht allein in vielerlei Absicht gut, sondern scheinen sogar einen Teil vom inneren Werte der Person auszumachen; allein es fehlt viel daran, um sie ohne Einschränkung für gut zu erklären (so unbedingt sie auch von den Alten gepriesen worden). Denn ohne Grundsätze eines guten Willens können sie höchst böse werden, und das kalte Blut eines Bösewichts macht ihn nicht allein weit gefährlicher, sondern auch unmittelbar in unsern Augen noch verabscheuungswürdiger, als er ohne dieses dafür würde gehalten werden." (Kant im berühmten ersten Abschnitt der Vorrede seiner „Grundlegung zur Metaphysik der Sitten" GMS).[11]

7. Eine weitere hilfreiche Unterscheidung ist die zwischen **Gewissen und Verantwortung.** Auf der einen Seite stehen die Freiheit und das individuelle Gewissen, also die innere Überzeugung eines Einzelnen im Blick auf das, was für ihn und sein Umfeld „gut" ist, bzw. in welchen Verhältnissen er leben möchte. Dem entspricht das Prinzip

---

[11] Vgl. *Höffe, Otfried* (2000, Hrsg.).

der *Subsidiarität*: es sorgt für den optimalen Grad an Eigenverantwortung und Selbstbestimmung des Einzelnen und der Entlastung der Gemeinschaft. Auf der anderen Seite stehen die Gerechtigkeit und die gesellschaftliche Verantwortung im Sinne der gemeinsamen Abstimmung Betroffener darüber, was für alle „gerecht" ist. Hier leitet das Prinzip der *Solidarität* die Suche nach dem optimalen Grad an Unterstützung und Entlastung des Einzelnen und der Gewährleistung des Friedens in der Gemeinschaft. Gewissen bildet sich in Prozessen kollektiver wechselseitiger Verantwortung, Verantwortung lebt von der spontanen Stimme des individuellen Gewissens. Im Blick auf die Balance zwischen Subsidiarität und Solidarität wird man von einem „milden Paternalismus" sprechen können. Wer den Einblick hat, weiß manches besser als der, der den Überblick hat, und umgekehrt. Von Paternalismus sprechen wir, wenn jemand deshalb für einen anderen Entscheidungen trifft, weil er sich sicher ist, dass er besser als jener weiß, was für ihn gut und für alle gerecht ist. Ein „milder" Paternalist hütet sich jedoch davor, das zu weit zu treiben. Unter extremem Stress und bei extremer Gefahrenabwehr ist wiederum der „harte" Paternalismus hierarchischer, von Befehl und Gehorsam geprägter Organisationen unvermeidlich.

8. Eine **Regel oder Norm** ist ein Bedingungssatz, der ein Prinzip auf eine Situation anwendet, so dass pragmatische, pädagogische, politische, moralische oder rechtliche Handlungsanweisungen an bestimmte Voraussetzungen gebunden werden können, z.B. „Fahrzeuge müssen die Fahrbahnen benutzen, von zwei Fahrbahnen die rechte" (StVO §1. Abs. 2) oder „Finden Alte im Bus keinen Sitz, sollen ihnen Junge ihre Plätze überlassen". Eine Regel kann dem Allgemeinwohl dienen, also ethisch begründet sein wie im zweiten Beispiel im Prinzip der Gerechtigkeit, oder aus pragmatischem und politischem Interesse von

einer Macht aufgestellt und mit Gesetzeskraft ausgestattet werden, wie z.B. ursprünglich durch Napoleon für Frankreich und die eroberten Gebiete im ersten Beispiel.

8.1. In jedem Fall gelten Regeln und Normen nicht nur für den Einzelfall, sondern für eine definierte Fallgruppe. Das *Gebot* schreibt eine Tun vor, das *Verbot* ein Unterlassen. Die *Erlaubnis* berechtigt, etwas zu tun, ganz gleich, ob es auch geboten ist oder nicht. Die *Freistellung* berechtigt, etwas zu tun oder zu unterlassen (= deontische Modalitäten). Dass moralische und rechtliche Prinzipien in Regeln gegossen werden können, beweist, dass Moral und Recht organisierbar sind. Völlig ausgereift ist dieser Prozess dann, wenn die Handelnden sich wie selbstverständlich in den Bahnen moralisch-rechtlich vorstrukturierter Institutionen bewegen, die Regeln nicht mehr hinterfragen und sie intuitiv beherrschen.

8.2. Um zu prüfen, ob und inwieweit ein Urteilsentscheid tatsächlich definierten idealtypischen Maßstäben und Regeln folgt, werden *Kriterien* angelegt. Am Beispiel rechtlicher Urteile: Nur diejenigen Instanzen sind legitimiert und stehen in der Verantwortung, für einen definierten Adressatenkreis rechtsverbindliche Handlungsregeln aufzustellen, anzuwenden und durchzusetzen, die die Freiheit aller Betroffenen dauerhaft unparteiisch zur Geltung kommen lassen. Nur diejenigen Handlungsgründe sind legitim, die die Freiheit potentiell Betroffener zur Geltung bringen, und nur derjenige Handlungszweck, der ihre Freiheit verwirklicht. Nur diejenige Handlungsweise ist legitim, die alle Mittel nach Maßgabe aller Zwecke im Blick auf die Freiheitsansprüche aller Betroffenen in ein angemessenes Verhältnis setzt.

3. ... und ihrer kritischen Begründung und Anwendung

9. Mit einigen der bereits genannten Gesichtspunkte haben wir nun endlich die Ebene der Ethik erreicht. Das ist zunächst formal der Name für die *kritische wissenschaftliche Erfassung, Begründung, Weiterentwicklung und Vermittlung von Normen der Moral und des Rechtes.* Die Individualethik widmet sich eher der Gewissensbildung und Lebensführung von Einzelnen, Gruppen und Gemeinschaften, die Sozialethik, Politische Ethik und Rechtsethik behandeln Fragen auf der Ebene der Gesellschaft. Ethik lässt sich wie jede Aufklärung auch als Ideologiekritik verstehen.

9.1. Wie am Ende der Ausführungen über Moral schon angedeutet, fragt die Ethik, *welche Moralsysteme universal Geltung beanspruchen können.* Die formale kantische Antwort lautet: Jede Moral – Kant verwendet das Wort „Maxime" im Sinne von Grundeinstellung – ist ethisch vertretbar, die ich selbst als allgemeines Gesetz, ja quasi als Naturgesetz akzeptieren kann. Die inhaltliche Antwort lautet: Ethisch vertretbar ist jede Handlung, die jeden Menschen um seiner selbst willen achtet und nicht als Mittel zum Zweck. Hier werden also Prinzipien genannt, nach denen beliebige Grundhaltungen und Haltungen auf ihren ethischen Gehalt hin beurteilt werden, und nicht Listen von Haltungen und Handlungen vorgelegt. Das macht die Sache abstrakt. Anders aber funktioniert Ethik nicht. Immer müssen Ketten und Verknüpfungen von Handlungen, eben komplexe Situationen, Verläufe und Programme auf ihre Zwecke hin befragt werden, und erst auf die richtet sich dann das ethische Urteil, das natürlich sein prüfendes Licht nicht nur auf einen Zweck, sondern auf alle Zwecke, Ziele, Mittel, Wirkungen und Nebenwirkungen und somit alle Elemente und Glieder wirft. Was immer ein ethisch gebotener Zweck fordert, gilt ethisch verpflichtend. Deshalb spricht Kant von verbindlicher Pflicht anstelle von zufälliger Neigung. Und das für den Menschen als einem freien Vernunftwesen Verpflichtende herauszufinden, ist die Aufgabe der Ethik. Selbst wenn niemand anderes betroffen ist, bin ich ethisch *meiner* Vernunftnatur verpflichtet. Ist jemand anderes betroffen, bin ich zusätzlich auch *seiner* Vernunftnatur verpflichtet, und dann tritt zusätzlich zur Moral das Recht zwischen ihn und mich.

9.2. Seitdem sich in der Philosophie die vor allem mit den Namen Descartes und Kant verbundene subjektivistische Wende durchgesetzt hat, ist es selbstverständlich geworden, *die Prädikate "gut" und "böse" im strengen Sinne nur auf einen vernunftgeleiteten Willen anzuwenden*. Nur von diesem abgeleitet kann im ethischen Sinne von gerechten oder ungerechten Verhältnissen, leichten oder schweren Sünden, guten oder bösen Taten, feinen oder verrohten Sitten und höflichen oder barbarischen Manieren gesprochen werden. Die Güte oder Bosheit eines Willens wiederum bemisst sich an dem Grad des Respektes vor der Würde des Menschen. Den Willen selbst sieht man nie sozusagen rein für sich, immer sind es eben doch greifbare Handlungen, Gewohnheiten und Verhältnisse, die wir auf einen guten oder bösen Willen zurückführen. Deshalb sind es äußere Merkmale und Indizien, anhand derer wir auf den Willen, die Absicht und den Charakter der handelnden Personen schließen und über sie ein Urteil fällen. Wir fragen erstens nach dem Verfahren, durch das jemand sich überhaupt für eine Handlungsbefugnis legitimiert hat. Nur in einem solchen Verfahren gewinnen wir Gewissheit, jemand sei unbestechlich, vertrauenswürdig und unparteiisch. Das geschieht z.B. durch eine Verabredung, einen Vertrag oder eine freie und geheime Wahl. Ferner fragen wir nach den Anlässen, Gründen und Ursachen seiner Handlungen. Wenn er auf Taten, Mentalitäten und Verhältnisse sensibel reagiert, in denen sich ein Mangel an

Respekt vor der Würde des Menschen zeigt, dann trägt das entscheidend zu einem positiven ethischen Urteil bei. Das reicht aber auch noch nicht, seine Handlungen müssen auch auf eine Stärkung des Respektes vor der Menschenwürde zielen. Und schließlich müssen seine Handlungen sich als für diesen Zweck geeignet, erforderlich und angemessen erweisen. Und von guten und menschenwürdigen Verhältnissen sprechen wir erst, wenn sich ein ganzes Netz von solchen Handlungen zu lebensweltlichen und institutionellen Zusammenhängen fügt.

9.3. Nach Kant ist der Mensch nicht nur notorisch schwach in der Überwindung seiner Neigungen, sondern auch von dem angeborenen Hang beseelt, seine Neigungen zum letzten Beweggrund seines Handelns zu erheben, darin liege das radikale *Böse* des Menschen. Eine weitere Steigerung, die in der Bosheit um ihrer selbst willen liegt, nennt Kant nicht böse, sondern teuflisch. Jener Hang zum Bösen ist für Kant der Preis der Freiheit. Das Vernunftwesen ist stets gefährdet, unter seinem Niveau zu leben, denn die Vernunft zwingt nicht, sondern fordert, fast müsste man sagen, sie bittet und lockt. Dieselbe Freiheit, die das Böse ermöglicht, kann es auch überwinden.

9.4. Was ist nun gut, was ist böse nicht nur im Sinne dieser oder jener partikularen Moral, sondern im verallgemeinerbaren ethischen Sinne? Die Zuerkennung der unverlierbaren und unverletzlichen Würde für jeden Menschen ist die erste und grundlegende Voraussetzung der Ethik. Aus der Menschenwürde folgt das Menschenrecht. Zur Begründung moralischer und rechtlicher Normen verwendet eine *universale Ethik des Menschenrechts Prinzipien oder Ideale wie Freiheit, Gerechtigkeit und Frieden*. Die Menschenrechtserklärung von 1948 verkündet, „das höchste Streben des Menschen" gelte „einer Welt, in der die Menschen Rede- und Glaubensfreiheit und Freiheit von

Furcht und Not genießen". Solche Ideale sind unendliche im Sinne eines „milden Paternalismus" vorgetragene Optimierungs*vorschläge* zur Erfüllung universaler sowohl moralischer als auch rechtlicher Ansprüche und insofern vorstaatliche Normen. Das Ideal kann eher begrifflich-logisch oder bildlich-mythisch beschrieben werden. Geläufig sind auch die Begriffe *„Pflichten"*, wenn vorzugswürdige Handlungen vorgeschrieben werden, *„Rechte"*, wenn verlässliche Bedingungen zum Handeln eingeräumt werden sollen, *„Güter"*, wenn von Zuständen und Arrangements als Ziel und Ergebnis jener Handlungen die Rede ist, und *„Werte"* und *„Tugenden"*, wenn eher Haltungen in Beziehungen gemeint sind.

9.5. Sowohl für die Moral als auch für das Recht gilt: Das Prinzip gilt immer unendlich, deshalb kann z.B. eine auf die eigene Gruppe beschränkte „Nächstenliebe" durch eine universale „Feindesliebe" gesteigert oder überboten werden. Je anspruchsvoller das Ideal formuliert wird, desto deutlicher wird jedoch: Die Praxis ist immer endlich, deshalb steuert das Prinzip immer nur mehr oder weniger bescheidene *Annäherungen an die Idealgestalt*. Beim Grad der Annäherung gibt es erhebliche Spielräume sowohl in der Entwicklung von Moral als auch von Recht. Ein Einzelner oder eine Gemeinschaft kann milde und strenge moralische Ansprüche an sich stellen. Eine Rechtsordnung kann aus rudimentären oder aus hoch differenzierten Regeln bestehen. Die *Unterscheidung von Moral und Recht* bleibt dabei grundlegend, weil niemand seine individuellen und partikularen Moralvorstellungen anderen aufzwingen darf. Vielmehr gewährleistet das Recht, dass sehr unterschiedliche Lebensentwürfe nebeneinander koexistieren. Und es macht einen Unterschied, ob jemand rein für sich handelt oder ob er – in einer etablierten „Rolle" oder gar einem öffentlichen und durch Gesetz geordneten „Amt" – mit Rücksicht auf andere, für die oder denen er verantwortlich ist. Und doch stehen Moral und Recht in Wechselwirkung. Der Wille und die Bereitschaft zur quantitativen und qualitativen Ausweitung von Rechtsansprüchen z.B. verdanken sich für sich genommen moralischen Impulsen. Das zeigt sich u.a. in der Asyl- und Flüchtlingspolitik oder bei der Entwicklungs- und Katastrophenhilfe, die dann allerdings als politische Maßnahmen rechtsförmig auszugestalten sind.

9.6. Der Literatur entnehme ich vier *Typen ethischer Probleme*. Zum ersten Typ gehören mögliche Unklarheiten oder Kontroversen über die in die ethische Urteilsbildung eingeflossenen empirischen Daten. Dies sind keine ethischen Probleme im eigentlichen Sinne, sie sind aber insofern ethisch bedeutsam, als sie überhaupt nur aus ethischen Motiven zur Sprache kommen. Das gilt klassisch z.B. für die Bestimmung des Beginns und des Endes individuellen menschlichen Lebens. Deshalb nenne ich sie hier. Sie werden durch die empirische Analyse und theoretische Einordnung aufgeklärt und dann in ihrer möglichen politischen, rechtlichen und ethischen Bedeutung gewichtet. Einen zweiten Typ stellen mögliche Konflikte zwischen moralischen und außermoralischen Impulsen dar. Auch diese stellen keine ethischen Probleme im engeren Sinne dar, denn die moralische Position als solche steht ja nicht infrage. Aber ohne die Unterscheidung zwischen moralisch und unmoralisch gäbe es jenen Konflikt gar nicht. Solche Probleme werden durch Prüfung der Absichten aufgeklärt, die werden ethisch und rechtlich bewertet sowie durch Fördern und Fordern oder auch mit Zwangsmaßnahmen in rechte Bahnen gelenkt. Neben der ethischen Bewertung geht es hier vor allem um Beratung, Seelsorge, Therapie und Erziehung. Erst der dritte Typ umfasst die eigentlichen ethischen Probleme: Die Geltung von Prinzipien und Normen kann bestritten werden; dann wird die Geltung eines Prinzips oder einer Norm durch überzeugende Argumente bestätigt oder widerlegt. Dramatischer ist die Situation, wenn jemand bei der Anwendung von Prinzipien und Regeln in Zielkonflikte gerät. Im diesem Fall helfen die ethische bzw. rechtliche Güter- und Interessenabwägung mit dem Ergebnis einer Priorisierung („eins nach dem anderen", „immer abwechselnd", „per Losentscheid") oder eines Kompromisses entlang „mittlerer Kriterien" („nach Bedürftigkeit", „nach Bedeutungsgrad", „nach Leistung", „nach Erfolgsaussichten") oder einer Kombination aus beidem. Das klingt sehr nüchtern, kann aber, vor allem unter Stress, sehr schwer sein: die Handelnden müssen sich für ihr spezifisches Handlungsfeld auf die Kriterien einigen, ihre Affekte unter Kontrolle behalten, für die Verteilung der Lasten bewusst Schuld und Haftung übernehmen und mit der begrenzten Reichweite ihrer Möglichkeiten fertig werden. Als vierten Typ nenne ich noch die totalitäre Verführung, also den „Terror der Tugend", der sich z.B. in der Neuzeit prominent mit dem Namen Robespierre verbindet und zu hypermoralischer Unduldsamkeit und Einschüchterung, zu Doppelmoral, Bigotterie, Totalüberwachung und drakonischen Strafen führt. Auch dies sind keine ethischen Probleme im engeren Sinne, sondern maßlose Versuche zur Lösung von ethischen Problemen.

9.7. *Angewandte Ethik* behandelt zum einen Fragen privater Lebensgestaltung, zum anderen solche aus bestimmten gesellschaftspolitisch und öffentlich relevanten Fachgebieten und folgt damit der Ausdifferenzierung moderner Gesellschaften. Fragen der Medizinethik, Wirtschaftsethik, Medienethik, der Ethik in Polizei, Justizwesen und Militär sind deshalb vom Ansatz her sicherlich immer auch als moralische, mehr aber noch als rechtliche Fragen zu bearbeiten. Die Ethik ist dort viel mehr in die institutionellen Rahmungen eingeschrieben als dann sicherlich auch in den professionellen Rollen und den persönlichen Einstellungen verankert. Die genannten Bereichsethiken entwickeln zudem jeweils spezifische „mittlere Prinzipien": In der Medizinethik sprechen wir z.B. vom Wohl und von der Gesundheit der Patienten, in der Wirtschaftsethik von den lebensdienlichen Gütern möglichst für alle Mitglieder einer wohlgeordneten Gesellschaft, in der Friedensethik vom Schutz vor Gewalt und von der gemeinsamen Sicherheit von Konfliktgegnern. In der Alltagssprache werden *„moralisch"* und *„ethisch"* übrigens *oft synonym* gebraucht, denn „ethisch" kann man auch von „Ethos" im Sinne einer starken moralischen Überzeugung und nicht von „Ethik" ableiten. Und Ethik ist oftmals Moral mit wissenschaftlicher Begründung. Dabei wird dann aber der Bezug der Ethik zum Recht unzulässig vernachlässigt.

9.8. Gelegentlich trifft man auch auf die begriffliche Unterscheidung von (1) *„deontologischer"* Prinzipien- oder Gesinnungsethik und (2) *„konsequentialistischer"* oder *„teleologischer"* Folgen- oder Verantwortungsethik, die beide darauf ausgerichtet sind, vorzugswürdige Handlungen zu definieren, im ersten Fall mehr an den Gründen, im zweiten Fall mehr an den Zwecken von Handlungen orientiert. Die (3) *Tugendethik* dagegen betrachtet weniger die Handlungen, sondern benennt die zugrundeliegenden Einstellungen und Motive. Hinter all diesen „Ethiken" kann eigentlich immer nur eine in sich konsistente und integrative Ethik stehen, die alle Perspektiven zu einem möglichst einheitlichen theoretischen Zusammenhang verknüpft.

10. Ein **Urteil** im Sinne der ethischen oder rechtlichen Anwendung von Normen nach kontrollierten Kriterien ist eine *gemischte Schlussfolgerung* (Syllogismus) aus abstrakten Prinzipien, allerdings im Gewand historisch gewachsener Regeln, und empirischen Daten, allerdings im Kontext

interpretierender Situationsbeschreibungen. Das Urteil entsteht deshalb im Hin- und Hergehen zwischen all diesen Polen und nimmt zumindest implizit alle der vorstehend genannten Gesichtspunkte auf.

10.1. Die *reflektierende Urteilskraft* muss ausgehend von bekannten Phänomenen (Exemplar, Einzelfall) eine dazu passende Regel entwerfen, also die gemeinsamen und trennenden Eigenschaften hervorheben, nach dem die Einzelerscheinungen eingeordnet werden können (Gattung, Fallgruppe). Die *bestimmende Urteilskraft* muss ausgehend von bestimmten Regeln neue und unbekannte Fälle als das bestimmen, als was sie gelten und nach welchen Regeln sie begriffen werden sollen. Das betrifft praktische und ästhetische Urteile ebenso wie politische, moralische und rechtliche. Stets lebt das kritische Urteil von einer zyklischen Bewegung von den Teilen zum Ganzen und vom Ganzen zu den Teilen. Im Idealfall räumen sich die Kräfte der Reflektion und der Definition wechselseitig immer wieder die Chance auf konstruktiven Widerspruch ein. Wirklich Neues erlernen kann man nur, wenn man probieren darf, d.h. man darf Fehler machen. In besonders riskanten Handlungsfeldern müssen die Fehler gemacht werden, bevor die Systeme scharf geschaltet werden. Und selbst danach sollte man aus Fehlern lernen. Denn wenn sie denn schon gemacht wurden, kann man sie nur selbstkritisch analysieren, wenn sie nicht reflexhaft unter den Teppich gekehrt werden.

10.2. Ein Urteil über die Legitimität von Handlungen muss sich z.B. auch selbst als legitim erweisen: es beachtet alle relevanten Kriterien, und es beachtet sie alle in möglichst hohem Maße. Wir sprechen von Legitimität aus Verfahren. Das *ideale ethische Urteil* lautet: „Wenn in guten wie in schlechten Zeiten die Menschenrechte aller Menschen von allen Menschen weltweit und politisch, ökonomisch und ökologisch, sozial und kulturell so sensibel, umsichtig, ehrlich und entschlossen wie möglich beachtet werden, dann kommen Frieden, Freiheit und Gerechtigkeit zur Vollendung." Wir sollten angesichts der situativen, politischen, physischen und emotionalen Bedingtheit unseres Handelns und Urteilens auch mit deutlich weniger dankbar und zufrieden sein. Hypermoralische Ansprüche kann niemand erfüllen.

II. Ethische Aspekte einer Dienstvorschrift (HDv 100/100)

Was hat Truppenführung mit Moral und Ethik und mit Politik und Recht zu tun? In den folgenden Überlegungen untersuche ich die HDv 100/100 in der aktuellen Fassung nach möglichen ethisch relevanten Themen.[12] Da Ethik nie ferne ist, wenn das Wort „sollen" vorkommt, werde ich auf dieses Wörtchen achten, aber auch auf Formulierungen, in denen es um die sprichwörtliche „Moral der Truppe" geht und solche, in denen es um die Beachtung von Regeln – z.B. die berühmten *Rules of Engagement* – sowie um die Entwicklung von Urteilen und Entscheidungen geht. Ich komme dabei auf sieben Themen. Bei jedem Thema verweise ich auf die entsprechenden Thesen in Kapitel I.

1. *Zur Ausbildung der Urteilskraft:* Truppenführung ist ihrem Wesen nach (HDv 100/100 Ziff. 1001-1006) auch deshalb mehr denn je eine „Kunst" und keine „Technik", weil Landstreitkräfte in den heutigen Konflikten in komplexen und dynamischen Einsatzräumen operieren. Was systematisch planbar ist, muss geplant werden. Vieles aber ist ungewiss und kann nur durch Erfahrung bewältigt werden, die wiederum nur in langen Anpassungsprozessen gewonnen werden kann. Wenn also Ausnahmen die Regel werden, muss sich die Kunst der Truppenführung auf Grundsätze beschränken. Und wer schließlich allgemeine Grundsätze auf konkrete Lagen anwenden soll, der muss

---

[12] Mir ist klar, dass kaum jemand die HDv 100/100 parat hat, wenn er die folgenden Überlegungen liest. Zivile Leser können dies gar nicht, da die Vorschrift eingestuft ist. Dennoch hoffe ich, dass die Leser auch so verstehen, dass und wie militärische Ethik in den Führungsprozess eingebettet ist, und dass meine Thesen und Empfehlungen bei künftigen Überarbeitungen zur Kenntnis genommen werden.

geübt sein in der Ausbildung seiner Urteilskraft. Üben können Truppenführer am besten in Streitkräften, die sich als lernende Organisationen verstehen. Lernende Organisationen wiederum zeichnen sich durch Fehlerfreundlichkeit aus (vgl. Kap. I These 10.1).

2. *Zur Verpflichtung auf das Grundgesetz:* Als oberste politisch- und rechtsethische Grundsätze der Truppenführung gelten im Fall der Bundeswehr die höchsten verfassungsgemäßen Staatsziele der Bundesrepublik Deutschland. Hierzu gehört die Verpflichtung, die Würde des Menschen zu achten und zu schützen (GG Art. 1 Abs.1; vgl. HDv 100/100 Ziff. 1005). Zu ergänzen wäre überdies die Pflicht, sich zusammen mit dem gesamten deutschen Volk auch als deutscher Staatsbürger in Uniform zu den unverletzlichen und unveräußerlichen Menschenrechten als Grundlage jeder menschlichen Gemeinschaft, des Friedens und der Gerechtigkeit in der Welt zu bekennen (GG Art. 1 Abs. 2) und dem Frieden in der Welt zu dienen (GG Präambel). Das Soldatengesetz nimmt diese Grundsätze in seinem § 9 in der Eidesformel auf: „Ich schwöre, der Bundesrepublik Deutschland treu zu dienen und das Recht und die Freiheit des deutschen Volkes tapfer zu verteidigen, so wahr mir Gott helfe." In Erfüllung dieses Eides führen Offiziere ihre Untergebenen. Wenn es also im Beruf des Soldaten nicht in hohem Maße um Moral und Ethik und um Politik und Recht geht, in welchem dann (vgl. Kap. I These 9.4)? Gerade weil der Soldat einem hohen ethischen Anspruch gerecht werden soll, ist eine Perversion des Soldatenberufes in sein Gegenteil der Indikator für eine katastrophale Zivilisationskrise. Die beiden „deutschen Kriege" des 20. Jahrhunderts, die Rede ist von den zwei Weltkriegen, legen dem Soldatenberuf in Deutschland enorme Hypotheken auf. Die Bundeswehr hat darauf in ihrer Traditionspflege reagiert, sie bezieht ihr soldatisches Ethos aus den Befreiungskriegen und den

preußischen Reformen, aus dem Widerstand des 20. Juli 1944 und den nunmehr über 60 Jahren ihrer eigenen Geschichte, aber bis auf wenige Ausnahmen nicht aus der Geschichte der Reichswehr oder der Wehrmacht. Sinnlose Materialschlachten und ein verbrecherischer Raubkrieg sprechen dem Ideal der zitierten Eidesformel Hohn. Die Moral und der Idealismus ganzer Generationen sind in der ersten Hälfte des 20. Jahrhunderts brutal missbraucht worden. Die Rechtsordnungen, das Rechtsempfinden und das Pflichtgefühl ganzer Gesellschaften fielen dem Totalitarismus zum Opfer. Auf das militärische Handeln bezogen, gilt dies vor allem im Blick auf die deutsche Wehrmacht und die assoziierten NS-Kampfverbände. Aber auch die Armeen der Westalliierten und die Sowjetarmee müssen sich wie viele andere Armeen mit sehr dunklen moralischen Schatten in ihrer Geschichte auseinandersetzen (vgl. Kap. I, Thesen 4.2 und 5.3-5).

3. *Zu den besonderen Herausforderungen der Truppenführung:* Das treue Dienen und das tapfere Verteidigen richten sich auf die Abwehr von im äußersten Fall tödlichen Gefahren, die im äußersten Fall selbst tödlich sein kann. Dem Ausmaß der Gefahr setzen Truppenführer das notwendige, geeignete und erforderliche Maß an Gefahrenabwehr entgegen. Das kann den Einsatz des eigenen Lebens und das der Untergebenen bedeuten (Ziff. 1011), es kann auch bedeuten, einem Gegner Schäden zuzufügen bis hin zu seiner Vernichtung. Hier liegt das einzige besondere Merkmal des völkerrechtlichen Sonderstatus' des „Kombattanten" (vgl. Kap. I, These 5.3+6) und einer entsprechenden soldatischen Berufsethik. Das deutsche Polizeirecht erlaubt nur als äußerste Ausnahme den finalen Todesschuss, die Haager Landkriegsordnung von 1907, zu deren Vertragsparteien das Deutsche Reich und alle seine Rechtsnachfolger gehören, gewährt dagegen dem Kombattanten im Fall eines bewaffneten Konfliktes und zur

wirksamen Durchsetzung des staatlichen Gewaltmonopols nach außen *das Privileg der straffreien Tötung nicht als Ausnahme, sondern als Regel.* Die Truppenführung muss deshalb keineswegs in jedem Fall die Gewalteskalation suchen, sie muss aber in jedem Fall die Eskalationshoheit z.b. im Sinne der potentiellen Feuerüberlegenheit anstreben.

4. *Zum wechselseitigen Treueverhältnis von Staat und Soldat:* Die HDv 100/100 ist als taktische Vorschrift gemäß Vorbemerkung 4 ein den konzeptionellen Vorgaben und Dokumenten des Bundesministers der Verteidigung, des Generalinspekteurs, des Inspekteurs des Heeres und anderer Inspekteure nachgeordnetes Dokument. Gibt sie aber auch hinreichend Auskunft darüber, auf welchen geordneten Wegen Truppenführer die operative Ebene des Einsatzführungskommandos und die strategische Ebene, also das Bundesministerium für Verteidigung (BMvg) und das *Supreme Headquarters Allied Powers Europe* (SHAPE; deutsch: Oberstes Hauptquartier der Alliierten Streitkräfte in Europa) beraten?

Was folgt z.B. aus dem Hinweis, der taktische und operative Führungsprozess der Landstreitkräfte diene sowohl der Planung zukünftiger als auch der Führung laufender Operationen (Ziff. 6002)? Planungen auf Zukunft geschehen ja nicht in einen unbegrenzten Möglichkeitsraum hinein, sondern in Abstimmungen mit der Ebene der strategischen Zielvorgaben und politischen Zwecksetzung. Wenn es ferner heißt, der Führungsprozess werde durch einen „neuen Auftrag" oder eine „grundlegende Lageänderung" ausgelöst (Ziff. 6009), dann dürfte sich dies vermutlich nie um ein „entweder/oder", sondern stets um ein „sowohl/als auch" handeln. Das taktische und operative Lagebild dürfte den neuen Auftrag maßgeblich mitbestimmen, der folglich im Führungsprozess präzise in der Zone zwischen politisch-strategischer und operativ-taktischer Führung entsteht. Wird die aber in der Vorschrift ausreichend ausgeleuchtet? Man kann es ja versuchshalber einmal umgekehrt betrachten: Das Grundgesetz und nicht zuletzt die besonderen Herausforderungen der Truppenführung verpflichten den Deutschen Bundestag als zuständiges Organ der Legislative (vgl. Kap. I, These 3.2 in Verbindung mit These 5.3-6), unmissverständlich, Streitkräfte als Mittel der vollziehenden Gewalt im Sinne des Artikels 87a GG, insbesondere unter Inanspruchnahme hoheitlichen Zwanges mit der Möglichkeit zur Anwendung von Waffengewalt nur im äußersten Fall einzusetzen und nur im Einklang mit den Statuten der internationalen Rechtsordnung. Zur Verantwortung des Truppenführers und des gesamten Offizierskorps der Bundeswehr muss es folglich gehören, die politische Führung bei der Erfüllung der genannten Pflicht aktiv zu unterstützen. Könnte ein solcher Hinweis in der Vorschrift nicht durchaus seinen Platz haben? Das Weißbuch der Bundeswehr von 2006 und die 2011 erschienenen Verteidigungspolitischen Richtlinien geben Auskunft über das Einsatzspektrum der Bundeswehr, auch wenn ihnen bis heute kein gleichrangiges Dokument des Auswärtigen Amtes und des Bundesministeriums für Entwicklung und wirtschaftliche Zusammenarbeit gegenüber liegt, geschweige denn ein Dachdokument aller betroffenen Ressorts, in dem die Rolle Deutschlands in den internationalen Beziehungen umfassend beschrieben wäre. Vor dem Hintergrund der deutschen Geschichte und angesichts der grundrechtlichen Verpflichtung auf den Frieden in der Welt ist dies politisch-ethisch auf Dauer nicht hinnehmbar. Umso wichtiger ist es, dass das Bundesministerium für Verteidigung von sich aus in die Vorlage gegangen ist: Die 2013 erlassene Konzeption der Bundeswehr gibt Antwort nicht nur über den generellen Auftrag, sondern auch über die konkreten Aufgaben der Bundeswehr: Landes- als Bündnisverteidigung im Rahmen der Nordatlantischen Allianz, Internationale Konfliktverhütung und Krisenbewältigung, einschließlich des Kampfs gegen den internationalen Terrorismus, Beteiligung an militärischen Aufgaben im Rahmen der Gemeinsamen Sicherheits- und Verteidigungspolitik der EU, Beiträge zum Heimatschutz einschließlich Verteidigungsaufgaben auf deutschem Hoheitsgebiet sowie Hilfeleistungen in Fällen von Naturkatastrophen und schweren Unglücksfällen, zum Schutz kritischer Infrastruktur und bei innerem Notstand, Rettung und Evakuierung sowie Geiselbefreiung im Ausland, Partnerschaft und Kooperation als Teil einer multinationalen Integration und globalen Sicherheitszusammenarbeit im Verständnis moderner Verteidigungsdiplomatie und humanitäre Hilfe im Ausland. Sicherheitspolitische und militärpolitische und -strategische Dokumente liegen also auf nationaler Ebene und in den Bündnissen vor. Zu jeder dieser Aufgaben bedarf es operativ-taktischer Konkretionen. Die HDv 100/100 könnte vielleicht auf diese Dokumente verweisen und so die im Eid gelobte Treue des Soldaten stärken.

5. *Zu den soldatischen Tugenden:* Das Mandat des bewaffneten Kampfes zur Erringung und Aufrechterhaltung der Eskalationshoheit des staatlichen Gewaltmonopols im Rahmen der internationalen Rechtsordnung hat militärfachliche und militärethische Konsequenzen nicht nur für die Führungsgrundsätze im Verbund der Kräfte, sondern auch für die Einsatzgrundsätze der einzelnen Truppengattungen und ihrer Funktions- und Aufgabenbereiche (vgl. Kap. I, These 6.3). Zu den pragmatischen (vgl. Kap. I, Thesen 1 und 2) und den politisch-ethischen wie berufsethischen (vgl. Kap. I, Thesen 3 bis 9) Tugenden der Truppenführung (Ziff. 1006-1054) werden in der HDv 100/100 der Wille zum Erfolg, Zielstrebigkeit, Einfach-

heit, Rechtmäßigkeit und Verhältnismäßigkeit, Schnelligkeit und Beweglichkeit gezählt. Wenn ferner von Überraschung und Täuschung, Bildung eines Schwerpunktes, Bildung von Reserven, Nutzung situativer Vorteile, Haushalten mit Kräften, Berücksichtigung der Unterstützung, Nutzung der Technik die Rede ist, wird allerdings die Sphäre der Tugenden um einige eher rein technische Aspekte überdehnt. An vielen Stellen treten hier jedoch tatsächlich moralische und rechtliche Aspekte hervor, so etwa bei der generellen Schadensbegrenzung, bei der Abwägung von eigenen Verlusten und Kollateralopfern, bei der Unterscheidung von erlaubten und unerlaubten Munitionsarten und Kriegslisten und nicht zuletzt bei der Aufrechterhaltung der Disziplin in der Truppe und der maßvollen und gerechten Nutzung ihrer Kräfte und Fähigkeiten sowie der Verteilung der Risiken. Explizit und fast beschwörend wird die Vorschrift, wenn es um den selbständig denkenden Soldaten geht, sein entschlossenes Handeln in Beharrlichkeit, mit Kühnheit, Willenskraft, Besonnenheit, Zähigkeit, Tapferkeit (Ziff. 3008), in Gehorsam und Pflichtbewusstsein mit festem Willen, moralischer Standfestigkeit, in voller Überzeugung von Sinn und Rechtmäßigkeit des Auftrags sowie mit Disziplin, mit Selbstbeherrschung, durch Gewöhnung an Leistung, Härte gegen sich selbst, Wagemut, Selbstvertrauen und Willen zum Erfolg sowie ganzer seelischer, geistiger und körperlicher Kraft (Ziff. 3005 – 3010).

6. *Zu Subsidiarität und Solidarität im Führungsprozess:* Das „Führen mit Auftrag" (Ziff. 2001-2015) als oberstes Führungsprinzip deutscher Landstreitkräfte ruht auf gegenseitigem Vertrauen zwischen vor- und nachgeordneter Führung (vgl. Kap. I, These 7). Es gewährt den nachgeordneten Führern Handlungsfreiheit bei der Interpretation und Umsetzung des Auftrages und ermöglicht ihnen, selbständige Urteile zu fällen und aus Fehlern zu lernen, es ver-

langt von ihnen aber auch treue Pflichterfüllung bei der verantwortlichen, kooperativen und schöpferischen Zielerreichung. Die entsprechenden allgemeinen soldatischen Fähigkeiten und Tugenden (Ziff. 3005-3012) und die der militärischen Führung (Ziff. 3013-3015) sind weithin deckungsgleich mit denen anderer Berufsgruppen, die mit hohen Gewaltpotentialen operieren und extreme Gefährdungslagen zu meistern haben. Ähnliches gilt für die Gemeinschaft von Führer und Truppe (Ziff. 3016-3039).

Alle militärfachlichen einschließlich der militärethischen Grundsätze fließen zusammen im militärischen Führungsprozess (Ziff. 6001-6033; vgl. 9001 ff) und dort insbesondere in den Phasen der Entscheidungsfindung und der Auswertung oder, in der Sprache des *Operational Planning Process* der NATO formuliert, in den Stadien *Concept und Plan Development* und *Plan Review*.

Eine besondere fachliche und ethische Verantwortung der militärischen Führung liegt z.B. in der sorgfältigen Aushandlung der Abkommen auf der Ebene des Einsatzrechtes (Ziff. 7004-7010) sowie bei konkreten Entscheidungen über die Androhung und den Einsatz militärischer Gewalt (Ziff. 7011-7025). Dabei könnten noch deutlicher die Kriterien genannt werden, nach denen *Rules of Engagement* für die nachgeordneten Truppenführer geschrieben werden (vgl. Kap. I, These 8.2).

7. *Zum gesellschaftlichen und politischen Kontext militärischer Entscheidungen:* Die Verantwortung der Truppenführung vollzieht sich im Kontext *multinationaler und ressortübergreifender Zusammenarbeit* in einem globalen Kontext (Ziff. 8019-8027) und dies unter hoher medialer Aufmerksamkeit (Ziff. 8038-8040) und in den meisten Fällen in asymmetrischen Szenarien (Ziff. 8041-8045) und verlangt deshalb von der Truppenführung ein wirklich sehr hohes

Maß an interkultureller Kompetenz und ethischer Urteilskraft.

Der kurze Durchgang durch die Vorschrift hat etliche Anlässe und Berührungspunkte für eine berufsethische Urteilsbildung ausgewiesen. In künftigen Überarbeitungen der HDv 100/100 können die entsprechenden Formulierungen vielleicht noch geschärft und deutlicher hervorgehoben werden. Anregungen dazu sowie zur Gliederung habe ich geliefert. Auch andere Teilstreitkräfte und die Armeen der Bündnispartner stehen bei der Abfassung von Vorschriften und beim *ROE-Drafting* vor ähnlichen Herausforderungen. Das verweist bereits auf das vierte Kapitel. Zuvor aber soll nun das in der Einleitung angekündigte zentrale Kapitel zur Integrativen Militärethik folgen.

III. Integrative Militärethik: Menschenwürde und bewaffneter Kampf

Wie in der Einleitung angekündigt, möchte ich die im zweiten Kapitel aus der HDv 100/100 destillierte Liste der sieben militärisch-ethisch relevanten Themen neu gliedern und zwar aus den in Kapitel I These 3.2. genannten Gründen: In komplexen Handlungsfeldern ist aus Gründen der Zweckrationalität zwischen dem Primat des politischen Nachfragemonopols und der diesem nachgeordneten fachlich-administrativen Angebotsmonopol zu unterscheiden. Die Unterscheidung von Politik und Verwaltung ist in allen Politikfeldern zu treffen: Die Politik ist verantwortlich für die politisch-ökonomische Zwecksetzung, Bürokratien und die in ihnen versammelten Professionen definieren die dazu passenden strategischen, operativen und taktischen Ziele und Mittel, melden die entsprechenden Ansprüche an und beraten bei der Weiterentwicklung der Zweck-Ziel-Mittel-Relation.[13] Andernfalls drohte die Gefahr, dass Zwecke ziellos oder unrealistisch gesetzt werden, dass zu vernünftigen Zwecken und Zielen nicht auch die passenden Mittel bereitgestellt werden, dass ein Zweck vermeintlich jedes Mittel heiligt oder dass umgekehrt die Mittel über die Zwecke herrschen. Gerade der bewaffnete Kampf und sein Superlativ, der Krieg, stehen in der Geschichte beispielhaft dafür: Man lässt sich auf ein riskantes Unternehmen mit umso größerer emotionaler Emphase ein und führt es dann irgendwann nur noch deshalb weiter, weil die vielen Investitionen und Opfer

---

[13] Vgl. *Naschold, Frieder / Bogumil, Jörg* (2000); *Lorig, Wolfgang H.* (2001); *Schedler, Kuno / Kettiger, Daniel* (2003, Hrsg.); *Machura, Stefan* (2005); *Luhmann, Niklas* (2007⁵); *Derlien, Hans-Ulrich / Böhme, Doris / Heindl, Markus* (2011).

doch nicht umsonst gewesen sein können. Oder man hält ein gegebenes Schutzversprechen nicht ein und lockt Schutzsuchende so erst recht in eine Falle. Für den nüchternen und kritischen Truppenführer kommt der Krieg nie gleichsam naturwüchsig aus einem anonymen Schicksal, in dem er sich dann nur noch ethisch bewähren müsste. Der Krieg ist gerade in modernen legal-rational strukturierten Gesellschaften eine politisch hergestellte Situation. Jeder bewaffnete Kampf muss deshalb in jedem seiner Schritte einer strengen Überprüfung unterzogen werden. Wie das gehen könnte, werde ich in diesem Kapitel etwas ausführlicher darstellen.

Ich rufe meine Gliederung noch einmal in Erinnerung und nummeriere gesondert:

A. Zur politischen Rahmenverantwortung

1. Zur Verpflichtung auf das Grundgesetz
2. Zum gesellschaftlichen und politischen Kontext militärischer Entscheidungen
3. Zum wechselseitigen Treueverhältnis von Staat und Soldat

B. Zur militärischen Verantwortung

1. Zu den besonderen ethischen Herausforderungen der Truppenführung
2. Zur Ausbildung der Urteilskraft
3. Zu Subsidiarität und Solidarität im Führungsprozess
4. Zu den soldatischen Tugenden

Die einzelnen Punkte dieser Gliederung muss ich nun nicht noch einmal ausführlich darstellen, das Nötige steht in Kapitel II. Zudem habe ich in den letzten Jahren in kollegialer Teamarbeit intensiv, umfangreich und aus verschiedenen Perspektiven an den theoretischen Grundlagen einer Integrativen Militärethik gearbeitet und kann deshalb an dieser Stelle auf die im Literaturverzeichnis genannten Titel verweisen. Die ersten beiden Punkte im Teil A spiegeln ideengeschichtliche, verfassungs- und völkerrechtliche und zeitgeschichtliche Voraussetzungen politischer Verantwortung für den Einsatz deutscher Streitkräfte.[14] Der dritte Punkt benennt bereits die Schnittstelle von politisch-ethischer und militärisch-ethischer Verantwortung.

Mit dieser Gliederung habe ich nun eine konstruktiv-kritische Basis gewonnen für die volle Konzentration auf den Teil B. Der erste Abschnitt thematisiert die besonderen Herausforderungen der Truppenführung, wie sie sich aus dem bewaffneten Kampf ergeben. Der zweite Abschnitt richtet sich an die einzelnen Entscheider: Wie üben Truppenführer ihre Urteilskraft? Der dritte Abschnitt spricht die Strukturen an, in denen die Entscheider gemeinsam an der Urteilsbildung arbeiten und aus denen heraus diese nach innen in das militärische System wirkt und nach außen in das politische und gesellschaftliche Umfeld. Der letzte Abschnitt nimmt die Frage nach berufstypischen Tugenden auf.

1. Der bewaffnete Konflikt als ethische Herausforderung der Truppenführung

Eine Integrative Militärethik ist weniger eine Sache spontaner Urteilsfindung und Entscheidung von Einzelnen, sondern von kollektiven Routinen, die in Übereinstim-

---

[14] Vgl. exemplarisch: *Evangelisches Kirchenamt für die Bundeswehr* (2009), 81-107; für die neuzeitliche Entwicklung *Osterhammel, Jürgen* (2013); *Winkler, Heinrich August* (2011; 2014; 2015). Zu den klassischen philosophischen und theologischen Quellen ethischer Urteilsbildung u.a. im Blick auf das Problem der Gewalt vgl. *Evangelisches Kirchenamt für die Bundeswehr* (2009), 13-107.

mung mit dem Völkerrecht zur entsprechenden Habitusformation[15] des gesamten Truppenkörpers beitragen. Die ethischen Prinzipien und Kriterien sind in diese Routinen eingeschrieben, so dass der Einzelne insbesondere unter dem Stress des bewaffneten Kampfes entlastet ist und auf weite Strecken „nur" so handeln muss, wie er ausgebildet, trainiert und gedrillt und bei der Befehlsausgabe instruiert wurde. Nur in Ausnahmefällen stellen sich Situationen, die das militärische Reglement noch nicht erfasst hat, dann aber zügig erfassen sollte.

Um gleich die zentrale Frage zu beantworten, wie Truppenführer ihre Urteilskraft schärfen: Nun, sie stellen sich als gewissensgeleitete Staatsbürger in Uniform in Übung und Einsatz loyal und durchaus wach und kritisch eben diesen Routinen und gestalten sie kreativ mit. Der alte Grundsatz jeglicher Professionalität gilt auch hier: Erfahren wird man nur, wenn man Erfahrungen macht, sie immer wieder erinnert, wiederholt und systematisch nach dem folgenden, an die HDv 100/100 angelehnten Schema durcharbeitet.

Im Folgenden schlage ich vor, militärethische Fälle nach einem bewährten, allgemeinen, ethisch-methodischen Stufenmodell zu analysieren: (1) Wahrnehmung, Annahme und Bestimmung eines Sachverhaltes als ethi-

---

[15] Dieser soziologische Fachbegriff zeigt an, dass alle Professionen eine Gesamtheit an typischen Verhaltensmustern und einheitlichen Formen der Selbstdarstellung namens Habitus ausbilden. Deshalb liefern Militärsoziologie und Militärgeschichte neben Wehrrecht und Völkerstrafrecht wichtiges Material für die Militärethik, insbesondere auch Einzelstudien zu Kriegen, an denen westliche Staaten beteiligt waren, vgl. zum Vietnamkrieg: *Greiner, Bernd* (2007); zu den Jugoslawienkriegen: *Becker, Johannes M. / Brücher, Gertrud* (2008, Hrsg.); *Melčić, Dunja* (2007[2], Hrsg.); zum dritten Golfkrieg: *Kilian, Björn / Tobergte, Christian / Wunder, Simon* (2005, Hrsg.); *Bierling, Stephan* (2010); zum Afghanistaneinsatz: *Hartmann, Uwe* (2015, Hrsg.).

sches Problem: uns erscheint etwas als unmoralisch und ungerecht; (2) Situationsanalyse: wir untersuchen den Fall; (3) Beurteilung von Verhaltensoptionen: wir fragen uns, was wer hätte tun können oder nun tun sollte; (4) Prüfung von Prinzipien und Handlungsregeln: wir besinnen uns auf ethische Grundsätze und wählen danach die einen Verhaltensoptionen und verwerfen die anderen; (5) Prüfung der sittlich-kommunikativen Verbindlichkeit von Verhaltensoptionen: wir fragen uns, wen wir mit unseren Argumenten überzeugen können; (6) Urteilsentscheid: wir entscheiden uns und schreiten zur Tat.[16] Allerdings werde ich die aus der HDv 100/100 gewonnene Gliederung im Folgenden beibehalten und die Punkte des ethisch-methodischen Stufenmodells darin lose einflechten.

Inwiefern tauchen in der militärischen Praxis ethische Probleme auf? In der militärischen Ethik ist der Gegenstand stets ein bewaffneter Massenkonflikt, der verschiedene ethische Fragen aufwerfen kann: Warum und wie ist es zu der Gewalteskalation gekommen? Wer wurde alles in Mitleidenschaft gezogen? Wer ist Freund, wer ist Feind? Wie lässt sich die Gewalt eindämmen und beenden? Wie sind Recht und Unrecht unter den Konfliktgegnern verteilt? Sollte jemand eingreifen und wenn ja, wer? Die von der Politik an den Truppenführer herangetragenen Herausforderung eines Konfliktfalls können sich für ihn in drei Hinsichten ergeben: Entweder er und seine Einheit sollen den Konflikt beobachten und ihre Beobachtungen melden. Oder sie sollen die Konfliktparteien trennen und zwischen ihnen vermitteln. Oder sie sollen eingreifen und werden dadurch selbst zur aktiv kämpfenden Konfliktpar-

---

[16] Vgl. *Evangelisches Kirchenamt für die Bundeswehr* (2009), 357-362; *Haspel, Michael* (2011), 115-120.

tei. In jedem Fall ist nun seine militärische Beratung gefragt.

Nach solchen ersten Annäherungen – also noch ganz am Anfang der Abstimmung zwischen Politik und Militär über die richtige Strategie – muss der Truppenführer seine militärfachlich-ethische Expertise je auf seiner Ebene ins Spiel bringen, sich ein Bild von dem Konflikt machen und mit seinem Stab klären, welche Verhaltensoptionen sich aus der Anfrage der Politik und der Lage ergeben. Er kann sich zur Deutung des Konfliktszenarios einer ganzen Reihe analytischer Methoden bedienen, der Fallrekonstruktion[17], der Konfliktanalyse[18], der Politikfeldforschung[19]. Ich stelle hier das für das Militär klassische Clausewitz'sche „Hauptachsensystem" etwas ausführlicher vor.[20] Zu diesem System gehören einmal die Trias „wunderliche Dreifaltigkeit" (Differenzierung nach „urtümlicher Gewaltsamkeit", „freier Seelentätigkeit" und „Verstandestätigkeit") und die Differenzierung von Handlungen nach der Trias „Zweck, Ziel, Mittel". Den zweiten und dritten Schritt des ethischen Stufenmodells kann ich hier zusammenfließen lassen, da beide Schritte deskriptiv angelegt sind und bei Clausewitz nie von außen auf eine Lage geschaut wird, sondern der eigene Standpunkt stets integraler Bestandteil des Szenarios ist.

Die erste Trias dient dazu, im bewaffneten Konflikt „Akteure" zu identifizieren. Das sind in bewaffneten Mas-

---

[17] Vgl. *Kraimer, Klaus* (2000, Hrsg.); *Bohnsack, Ralf* (2014).
[18] Vgl. *Schwarz, Gerhard* (2009[8]); *Berkel, Karl* (2011[11]); *Glasl, Friedrich* (2011[10]).
[19] Vgl. *Blum, Sonja / Schubert, Klaus* (2009); *Saalbach, Klaus-Peter* (2009); *Gellner, Winand / Hammer, Eva-Maria* (2010); *Schubert, Klaus / Bandelow, Nils C.* (2008[2], Hrsg.).
[20] Vgl. *Heger, Timo Christian / Tettweiler, Falk / Helmbold, David / Schubert, Hartwig von* (2010).

senkonflikten immer Kollektive, in der Regel Staaten und ihre Streitkräfte und bewaffnete nichtstaatliche Gruppen, ferner deren Koalitionen, Bündnisse und internationalen Netzwerke. Dazu gehören aber auch unbewaffnete, zivile Kräfte, also die Mitglieder der Zivilbevölkerung in ihren unterschiedlichsten lebensweltlichen und institutionellen Konstellationen. Folgt man Clausewitz, dann kann ein Gewaltkonflikt überhaupt nur dann zu einem entwickelten Massenkonflikt anschwellen, wenn drei Konflikttreiber zusammenwirken. Er nennt sie „blinder Naturtrieb", „freie Seelentätigkeit" und „bloßer Verstand" und ordnet die einzelnen Treiber bestimmten sozialen Feldern oder Rollen innerhalb der Akteure zu. So ist der „blinde Naturtrieb" eher beim „Volk" angesiedelt, die „freie Seelentätigkeit" eher beim „Feldherrn und der „bloße Verstand" ist eher Sache der Regierung oder der Politik. Clausewitz denkt den Massenkonflikt ferner als „erweiterten Zweikampf".

Man muss sich jetzt von der Sprache und den feudalen Sozialformen des 19. Jahrhunderts lösen und sich auf die Dynamiken und Funktionen konzentrieren, die den Konflikt ausmachen und seinen Verlauf bestimmen. Jeder für die Analyse des Kampfes relevante Akteur muss über hinreichend entwickelte Faktoren – nämlich alle drei Konflikttreiber mitsamt ihrer Zwecke, Ziele und Mittel – verfügen, damit er den Konfliktverlauf, genauer den bewaffneten Kampf, überhaupt nennenswert direkt oder indirekt beeinflussen kann. Jeder einzelne Akteur also wird danach untersucht, wie die elementaren gesellschaftlichen Dynamiken, die kollektiven sozioökonomischen, psychosozialen und kulturellen Beziehungen, Abhängigkeiten, Bedürfnisse, Erfahrungen und Haltungen („blinder Naturtrieb"), die auf definierte Ziele hin organisierbaren Strukturen, Prozesse, Fähigkeiten und Mittel („freie Seelentätigkeit") und artikulierten Interessen und politisch wirksamen Absichten und Zwecksetzungen („bloßer Verstand") bei ihm zusammenwirken und auf welche gesellschaftlichen Träger („Volk"), strategischen und operativen, ideellen, materiellen und personellen Ressourcen und Infrastrukturen („Feldherr") und auf welche politischen Machtzentren („Regierung") er sich stützen kann. Selbstverständlich muss auch der analysierende militärische Führer selbst sich nach diesem Schema als Ressource seines gesellschaftlich-politischen Umfeldes im Szenar wahrnehmen, da er es ja niemals gänzlich von außen betrachtet.

Sind alle Treiber identifiziert und analysiert, werden im nächsten Schritt für jeden die Zwecke, Ziele und Mittel im Konflikt untersucht. Welche politischen „Zwecke" werden angestrebt? Welches sind die avisierten strategischen „Ziele" auf diesem Weg? Welche Mittel, insbesondere Gewaltmittel, stehen zur Verfügung? Und wie wirkt alles zusammen in seinen kulturellen, sozialen, wirtschaftlichen und politischen Wechselwirkungen?

Die Clausewitz'sche Orientierung am elementaren Zweikampf hilft, den eigentlichen Zweck des massenhaften Gewalteinsatzes in Konflikten freizulegen: Die Gegner versuchen, sich gegenseitig mit Gewalt zur Erfüllung ihres politischen Willens zu zwingen. Den Gegner wehrlos zu machen, ihn sogar zu vernichten, ist „nur" das entscheidende Ziel, das jenem Zweck dient, die Gewalteinwirkung ist „nur" das Mittel. Was aber wollen die Konfliktparteien eigentlich? Der „Schlachtplan" muss also auf die angestrebten „militärischen Ziele" befragt werden, der „Kriegsplan" aber auf die tragende „politische Funktion".

Ein zentraler Zweck jeglichen politischen Handelns ist zunächst die Aufrichtung der Herrschaft im Sinne der Selbstbehauptung als souveräner Akteur und die Erhaltung der Fähigkeit, überhaupt einen Willen entwickeln zu können, den man dann durchsetzen kann. Weitere Zwecke sind Gewinnung und Absicherung eines Territoriums, Machterhalt bestimmter Eliten, Zugriff auf bestimmte Ressourcen, Wohlstand der eigenen Klientel oder Bevölkerung, Behauptung kultureller Identitäten, Bündnisse mit benachbarten Mächten etc. Die zugrundeliegenden Zweckbestimmungen sind naturgemäß abstrakt. Erst die Ziele im Sinne konkreter Ergebnisse lassen sich teils gröber teils feiner derart bestimmen, dass man genauer sagen kann, ob und wie sie erreicht oder verfehlt werden: die Sperrung eines Seegebiets, die Besetzung eines Flughafens, die Infiltration gegnerischer IT-Netze, die Entwaffnung gegnerischer Einheiten. Die Mittel schließlich sind die Infrastrukturen, Ressourcen, Fähigkeiten und Instrumente, die sich eignen, ein definiertes Ziel zu erreichen. Und „Krieg" ist der Name für das äußerste Gewaltmittel, um einen entgegenstehenden Willen zu überwinden. Wesentliche Mittel zur Beeinflussung des bewaffneten Kampfes kommen bei jeder Konfliktpartei aus dem „Volk", andere aus dem Vermögen der „Armee", wieder andere aus dem Repertoire der „Politik".

Hat man sich ein ungefähres Bild von den konfliktbestimmenden Faktoren gemacht, dann widmet sich die Analyse nun den politischen Verbindungen zwischen den Konfliktparteien und den Rückwirkungen des Konfliktes innerhalb ihrer Reihen, um dann den militärischen Schwerpunkt des Lagebildes herauszuarbeiten. An dieser Stelle greift nun bei Clausewitz die integrierende Funktion des „Gemütes" (Buch 1, Teil 3 kriegerischer Genius): „Hier verlässt also die Tätigkeit des Verstandes das Gebiet der strengen Wissenschaft, der Logik und Mathematik, und wird, im weiten Verstande des Wortes, zur Kunst, d.h. zu der Fertigkeit, aus einer unübersehbaren Menge von Gegenständen und Verhältnissen die wichtigsten und entscheidenden durch den Takt des Urteils herauszufinden. Dieser Takt des Urteils besteht unstreitig mehr oder weniger in einer dunkeln Vergleichung aller Größen und Verhältnisse, wodurch die entfernten und unwichtigen schneller beseitigt und die nächsten und wichtigsten schneller herausgefunden werden, als wenn dies auf dem Wege strenger Schlussfolge geschehen sollte" (Clausewitz 3. Kap. B 961).[21] Durch die fortgesetzte Untersuchung der den Konfliktverlauf bestimmenden Konflikttreiber jeder Partei und ihrer Zweck-, Ziel- und Mittelauswahl in Korrespondenz zu denen aller anderen Parteien wird das Bild ständig korrigiert und fortgeschrieben.[22] Nicht zu vergessen sind natürlich die im Detail nie vorhersehbaren Friktionen, die notorisch in bewaffneten Konflikten eintreten und dann bewältigt werden müssen. Ich wiederhole das

---

[21] In der modernen Wissenschaftstheorie trägt der Anfang bei der Durchdringung von komplexen Erfahrungen den Namen „Entdeckungszusammenhang". Die Kriterien, nach denen zu Beginn der Erforschung komplexer Phänomene diejenigen Gegenstände ausgewählt werden, die genauer erforscht werden, können ja nicht die gleichen sein, die später nach erfolgter Analyse die eingangs getroffene Auswahl bestätigen oder als irrig erweisen. Die Kriterien, die die anfängliche Auswahl steuern, sind „weicher", d.h. psychischer, kultureller, sozialer, ökonomischer, historischer, persönlicher Natur. Auch sie sind jedoch nach neuerem Verständnis entgegen der Clausewitz'schen Formulierung sehr wohl und unvermeidlich Teil der „strengen Wissenschaft", sie konstituieren aber nicht deren „Begründungszusammenhang", der nach „harten" Argumenten verlangt. Der Entdeckungszusammenhang ist das, was uns mittels intuitiver, kreativer und assoziativer Verknüpfungen und Schlüssen überhaupt auf den Weg des Erkenntnisprozesses bringt.
[22] Vgl. aus der aktuellen militärfachlichen Literatur *Naveh, Shimon* (1997); *Ungerer, Dietrich* (2003); *Ungerer, Dietrich* (2007) und zu den aktuell vorherrschenden asymmetrischen Konflikten *Heuser, Beatrice* (2013) mit ausführlicher Bibliographie, S. 283-301. Inzwischen liegen auch erste Dokumentationen von aktiven Offizieren der Bundeswehr vor: vgl. *Brinkmann, Sascha / Hoppe, Joachim / Schröder, Wolfgang* (2013, Hrsg.); *Bohrmann, Thomas / Lather, Karl-Heinz / Lohmann, Friedrich* (2014, Hrsg.).

Fazit vom Ende des letzten Abschnittes: Der Truppenführer als gewissensgeleitete Staatsbürger in Uniform beteiligt sich aktiv an dem derart beschriebenen Prozess, der nicht anderes ist als der klassische und normale militärische Führungsprozess. Denn nur so können sich Truppenführer – sicherlich ebenengerecht – ein hinreichendes Bild davon machen, was auf sie und ihre Leute und damit auf ihre politische Führung zukommt.

2. Übung der Urteilsbildung im ethischen Entscheidungs-Check

Hat der Truppenführer das Konfliktszenario vor Augen, kann er sich nun dem vierten Schritt des ethischen Stufenmodells widmen, der kritischen Heranziehung ethischer Prinzipien und Normen. Das jetzt in seinen wesentlichen Kernaussagen folgende Konzept einer Integrativen Militärethik / Inneren Führung dient der Stärkung der ethischen Urteilskraft in den Hinsichten, die bei allen ethischen und rechtlichen Urteilsfindungen üblich sind (vgl. Kap. I, These 9.2). Jeder strategischen, operativen und taktischen Lagebeurteilung und Entscheidung wohnen jeweils ebenen- und situationsgerechte Urteile inne über die Legitimität der Handelnden sowie ihrer Gründe, Ziele und Mittel. In diesem Sinne durchläuft jede ethische Analyse einer militärischen Strategie, Operation oder taktischen Maßnahme durch einen Truppenführer den folgenden methodisch geordneten „Entscheidungs-Check"[23]

---

[23] Im Jahr 2011 wurde am Zentrum Innere Führung der Bundeswehr der „Koblenzer Entscheidungs-Check" veröffentlicht, eine „Taschenkarte für Ethik" mit Kriterien für ethisch-moralisches Handeln in komplexen militärischen Lagen, vgl. *Elßner, Thomas* (2011). Soldaten sollen die folgenden Fragen stellen und beantworten: „Würde ich das tun, wenn eine Kamera laufen würde? Würde ich, was ich jetzt tue, meinen engsten Familienangehörigen erzählen? Würde ich gern haben,

(1) Autorisierung (legitima potestas):
Kritik des eigenen Standpunktes: Was geht ausgerechnet meine Einheit, was geht ausgerechnet die Bundeswehr, was geht ausgerechnet Deutschland und seine Bündnispartner dieser Konflikt an? Haben wir selbst Feinde? Sind andere verfeindet? Welche Positionen gibt es in der internationalen Staatengemeinschaft? Gibt es eine UN-Resolution? Wie integer sind die Bündnispartner und ihre Regierungen, Führungen und ihre Streitkräfte? Macht Deutschland einen Alleingang ohne internationale Partner? Kann sich meine Truppe darauf verlassen, dass die Abgeordneten des Deutschen Bundestages das Mandat unseres Einsatzes nach besten Wissen und Gewissen beraten und beschlossen haben? Kann sie sich darauf verlassen, dass die Bundesregierung und das Einsatzführungskommando das Parlament dabei gut beraten haben und das Mandat nun seinem Geist und Buchstaben gemäß umsetzen? Ziehen alle Ressorts an einem Strang? Oder läuft die Armee wieder in die „Verfügbarkeitsfalle" und übernimmt Aufgaben, für die andere zuständig und im Zweifel besser geeignet sind? Und folgen die Journalisten ihr in die „Solidarisierungsfalle", weil sie das harte Leben der Soldaten bewundern? Habe ich selbst mögliche gravierende Zweifel am Einsatzkonzept auf den mir zur Verfügung stehenden Wegen gemeldet? Wofür genau bin ich mit meiner Einheit

---

dass mir das widerfährt, was ich jetzt tue? Könnte die Grundlage, die hinter meiner Entscheidung steht, zur Grundlage des allgemeinen Rechtssystems werden?" Zur ersten Sensibilisierung des Gewissens sind diese Fragen durchaus hilfreich. Für ein tiefer gehendes Urteil schlage ich die folgenden Fragen vor, die auf bewährten Traditionen ethischer und rechtlicher Urteilsbildung beruhen und die Clausewitz'schen Lineamente zumindest andeuten. Ich formuliere die Fragen bewusst assoziativ und umgangssprachlich, weil ich die adäquate Formulierung und Systematisierung nicht als meine Aufgabe, sondern als eine der militärischen Fachleute betrachte.

zuständig und ethisch mitverantwortlich? Urteile ich in meinem Verantwortungsbereich gerecht und unparteiisch in dem Sinne, dass ich Gleiches gleich, Ungleiches ungleich behandele, also keinen Vorurteilen und Vorlieben nachgebe? Inwiefern bin ich in den konkreten Lagen befugt, verbindliche Regeln zu erlassen *(potestas legislatoria)*, Befehle zu erteilen *(potestas iusticiaria)* und meinerseits zu vollstrecken *(potestas rectoria)*? Bin ich wirklich die für den anstehenden aktuellen Fall unabhängige, überparteiliche, einschlägige und zuständige Instanz? Oder handele ich eigenmächtig und willkürlich oder gar aus Rache oder Ehrgeiz oder in Panik, weil ich vielleicht meine Führung verachte oder ihr misstraue oder die Befehlshierarchie für zu schwerfällig halte? Habe ich nur meine Karriere im Sinn oder führe ich gar meinen „Privatkrieg"? Oder liegen meine Befehle in meiner subsidiären Verantwortung für die mir unterstellten Einheiten und gegenüber meinen vorgesetzten Dienststellen und damit im Korridor meines Auftrags?

Kritik der gegnerischen Standpunkte: Wer genau sind unsere Gegner? Wer führt sie? Wie konsistent ist ihre Befehlshierarchie? Aus welchen Bevölkerungsgruppen kommen ihre Kämpfer? Welche Drittstaaten und Netzwerke unterstützen sie? Wie legitimieren sie ihren Herrschaftsanspruch und mit welchem Recht? Wie sehen sie ihre lokalen Konkurrenten? Wie sehen sie uns? Wie interpretieren sie unsere Rolle als Interventionsmacht? Sind wir für sie Besatzer? Was hat im Konfliktverlauf dazu beigetragen, dass sie uns nicht als Teil der Lösung, sondern als Teil des Problems sehen?

Kritik der Standpunkte Dritter: Wie gut ist die Regierung der *Host-Nation,* die um die Intervention gebeten hat, legitimiert? Wenn ich mit meiner Einheit z.B. im Rahmen der UN oder in einer anderweitigen *Peace-Keeping-* oder *Peace-*

Enforcement-Operation eingesetzt werde, bieten dann die einheimischen lokalen Partner hinreichend Gewähr dafür, mit ihnen zusammen für geordneten Schutz zu sorgen? Was leisten sie, was wir nicht leisten können? Wie verlässlich sind sie? Können Sie uns gefährlich werden?[24] Welche Leistungen und Aufgaben gehören in die Zuständigkeit von Nichtregierungsorganisationen? Welche Vor- und welche Nachteile haben die Operationen der Truppe für sie? Welche Schutzfunktionen erwarten sie? Ziehen sie durch zu starke Nähe zur Truppe Feindseligkeiten auf sich?

(2) Rechtfertigungsgrund (causa iusta efficiens):

Kritik des eigenen Standpunktes: Warum gehe ich mit meinen Leuten in diesen Einsatz, kämpfe ich im Rahmen dieser Strategie, führe sie in dieser Operation? Werden die Menschen in Deutschland und im Bündnisgebiet militärisch bedroht? Handelt Deutschland aus blinder Treue zu seinen Bündnispartnern? Manipuliert der militärisch-industrielle Komplex die Öffentlichkeit und die politischen Verantwortungsträger? Sind die Menschen, die Staaten und der Frieden im Operationsgebiet in Gefahr und haben sie uns darum um Hilfe gebeten? Was genau steht auf dem Spiel, die Freiheit zur politischen und geistigen Selbstbestimmung oder die Freiheit von Furcht und Not? Besteht eine existentielle und physische Gefährdung von Leib und Leben? Ist genau dies Grund, Anlass und Ursache der militärfachlichen Urteile und Befehle in der Befehlskette bis hin zum eigentlichen Waffenbediener? Oder gibt es ganz andere ökonomische oder ideologische Gründe, z.B. oligarchische Interessen oder simplifizieren-

---

[24] Vgl. *Carstens, Nikolaus* (2014), 217-221.

de Domino- und *Clash-of-Culture*-Theorien?[25] Sind die Gründe vielleicht sogar vorübergehender Erregung geschuldet, aus der Luft gegriffen und halten sorgfältiger Überprüfung nicht stand? Oder drohen umgekehrt nachweisbare Verletzungen unverzichtbarer Freiheitsbedingungen bis hin zu schweren Menschenrechtsverletzungen, vor denen die Politik und die militärische Führung die Augen verschließen und die nicht ernst genommen werden, so dass ich sie melden und im Sinne des *Whistleblowing* auf sie hinweisen muss? Muss dringend etwas passieren, damit sie verhindert oder, sollten sie bereits vorliegen, eingedämmt werden? Oder gibt es Gründe, tunlichst bestimmte Schritte zu unterlassen?

Kritik weiterer Standpunkte: Was hat den Gegner in den Konflikt und in den bewaffneten Kampf getrieben? Welches sind seine berechtigten oder vorgeschobenen Anlässe? Was hat ihn mobilisiert, eventuell sogar fanatisiert? Welche kriegsökonomischen Gründe spielen eine Rolle? Was treibt die übrigen Akteure im Szenar? Worauf reagieren sie? Auf welche Defizite antworten sie?

(3) Zweck und wahre Absicht (causa iusta finalis / recta intentio):
Kritik des eigenen Standpunktes: Was genau sollen und müssen wir hier bewirken, was darf uns hier auf keinen Fall passieren? Welche Zwecke und Ziele sollen durch unsere Strategie und durch alle in sie eingebetteten Operationen und taktischen Maßnahmen erreicht werden? Ermöglichen sie im Ergebnis den Schutz und die Gewährleistung der in der Einsatzbegründung genannten Menschen, Güter und Werte? Oder dienen die offiziellen Gründe und Zwecke nur als Vorwand für ganz andere, illegitime Gründe und unlautere Absichten? Oder werden hier Illu-

---

[25] Vgl. *Huntington, Samuel Phillips* (1998); *Kohl, Arno* (2001); *Çağlar, Gazi* (2002); *Sen, Amartya* (2010).

sionen genährt über das, was überhaupt erreichbar ist? Schickt uns die Regierung in ein Himmelfahrtskommando, nur um Entschlossenheit zu zeigen? Ist es verantwortbar, wenn wir nur einen symbolischen Beitrag zum Kampf leisten? Ist der oberste Zweck unseres Auftrages vereinbar mit der Pflicht zur Wahrung der Menschenwürde? Liegen die Ziele auf dem Weg zu diesem Zweck? Sind alle denkbaren alternativen Ziele auf dem Weg zu diesem Zweck bedacht und abgewogen worden?

Kritik weiterer Standpunkte: Welche Antworten dürften der Gegner und Dritte auf die Fragen geben, die wir an diesem Punkt an unseren eigenen Standpunkt stellen?

(4) Verhältnismäßigkeit (proportionalitas):
Kritik des eigenen Standpunktes: Sind die von der militärischen Führung vorgesehenen und uns bereitgestellten und die bereits eingesetzten Mittel zur Erreichung der genannten Zwecke und Ziele geeignet, notwendig und angemessen? Sind die beim Durchgang durch die Standpunkte aller Parteien infrage stehenden und vielleicht sogar konkurrierenden Güter und Werte sorgfältig abgewogen worden? Sind bei Zielkonflikten vertretbare Kompromisse gewählt worden? Wurden alle jeweils gewaltärmeren Mittel erwogen? Werden insbesondere die schädlichen Folgen der Kämpfe für die Truppe selbst und für die Zivilbevölkerung sorgfältig in Rechnung gestellt und soweit irgend möglich auf ein Mindestmaß gesenkt?

Kritik des gegnerischen Standpunktes: Welche Antworten dürften der Gegner und Dritte auf die Fragen geben, die wir an diesem Punkt an unseren eigenen Standpunkt stellen? Wenn der Gegner, wie in asymmetrischen Konflikten üblich, seine Stärke gerade aus dem Verzicht auf verhältnismäßigen Mitteleinsatz zieht, sollen wir dann unsererseits nachziehen und es ihm gleichmachen und Dritte dazu ermutigen, ebenfalls diesen Weg zu gehen?

An diesem Punkt berührt der ethische Diskurs eine neuralgische Zone. Der asymmetrische Krieg ist – übrigens seit der Antike – durch ein starkes ökonomisches, technologisches, organisatorisches und strategisches Gefälle zwischen den Konfliktparteien gekennzeichnet. Zumeist sind die regulären Truppen eines Staates so überlegen, dass nicht-staatliche Akteure in militärisch regulär geführten Gefechten nicht gewinnen können. Deshalb missachten und brechen sie alle zivilisierten Regeln und zielen darauf, die staatlichen Einheiten langfristig zu demoralisieren, durch Verleitung zur Überdehnung zu schwächen und durch Verleitung zu Überreaktionen zu delegitimieren. Nicht-staatliche Gruppen sind zudem oftmals mit dem Einsatzraum besser vertraut und frischen ihre Kräfte aus der regionalen Bevölkerung immer wieder auf. Die entsprechenden strategischen und operativen Konzepte der Bundeswehr tragen inzwischen wegen ihrer hohen zivil-militärischen Komplexität den offiziellen Namen Aufstands*bewältigung*.

Der moderne Terrorismus, der auf territoriale Gebietsgewinne verzichtet, ist ein Spezialfall des asymmetrischen Kampfes. Ein anderer Spezialfall ist die unkonventionelle, nicht-lineare oder hybride Kriegsführung von Staaten. Gemeint sind Strategien, bei denen militärische und nicht-militärische Mittel mit dem Ziel kombiniert werden, alle denkbaren Schwächen des Gegners gezielt auszunutzen. Der Zweck liegt darin, die Herrschaft des Gegners zu schwächen und zu brechen. Es werden Gerüchte gestreut und Mythen aktiviert, um z.B. benachteiligte Schichten oder ethnische Minderheiten aufzuwiegeln und kritische Öffentlichkeiten zu verwirren und zu beschäftigen. Es werden Marionettenregime installiert. Es werden hinhaltende Verhandlungen angeboten, die Vereinbarungen danach aber gebrochen. Es werden Preise erhöht, Zölle verlangt und Ressourcenströme gekappt. Es werden Anschläge verübt und dem Gegner in die Schuhe geschoben. Mithilfe vereinzelter regulärer, aber verdeckt operierender Spezialkräfte werden vor allem irreguläre Kämpfer angeworben, Freiwilligenverbände und Milizen finanziert und ausgerüstet, von denen sich die Staaten dann relativ leicht distanzieren können. So verwischt die Grenze zwischen regulärer und irregulärer Kriegsführung, die völkerrechtlichen Bestimmungen des regulären Staatenkrieges greifen nicht mehr.

Wesentlich für den asymmetrischen und hybriden Kampf ist nun, dass reguläre Truppen in der Wahrnehmung der Öffentlichkeiten reifer Industriegesellschaften einen Krieg verlieren, wenn sie ihn nicht gewinnen, irreguläre Kämpfer ihn aber gewinnen, wenn sie ihn nicht verlieren. Insbesondere Rechtsstaaten stehen unter dem Anspruch, Herrschaft nach Maßgabe von Menschen- und Völkerrecht auszuüben; nicht- oder parastaatlichen Akteuren reicht es, sie dauerhaft daran zu hindern, u.a. durch Brutalität, Grausamkeit, Heimtücke. Aus ethischer Sicht gibt es hier nur einen Weg: die regulären Truppen halten sich gegen alle Versuchungen konsequent an die durchaus robusten Regeln einer rechtspazifistischen soldatischen Berufsethik[26], und sie kommunizieren ihren zivilisatorischen Anspruch dann aber auch offensiv durch eine ebenso intensive wie glaubwürdige „Strategische Kommunikation"[27]. Auf die notorische „Propaganda" wird eben nicht

---

[26] Vgl. *Budde, Annika* (2014); *Ungerer, Dietrich* (2014), 277ff.
[27] Vgl. *Röttger, Ulrike / Gehrau, Volker / Preusse, Joachim* (2013, Hrsg.). Etwa ein Jahr nach dem Beginn der Ukraine-Krise meldet die Süddeutsche Zeitung, das Auswärtige Amt habe eine Argumentationshilfe gegen die russische Propaganda an seine Mitarbeiter verteilt. Das ist zwar auch Kommunikation, aber keine strategische; vgl. *Braun, Stefan* (2015). Zur den ethischen Prinzipien der Informationsarbeit und der

mit „Gegenpropaganda" geantwortet, sondern mit dem gesamten Potential, das zivilisierten Gesellschaften zur Verfügung steht: kritische Öffentlichkeiten, unabhängige Medien, Meinungsvielfalt statt „Herdenjournalismus", zivilgesellschaftliches Engagement, demokratische und rechtsstaatliche Strukturen, Diplomatie, Entwicklungspartnerschaft und eben auch entsprechend zielgerichtet operierende und dabei politisch kontrollierte Sicherheitsorgane, d.h. insbesondere Polizei- und polizeilich-militärische Spezialkräfte. Und dazu gehört auch Geld, aber nur so viel, dass es nicht die Charaktere verdirbt. Recht und Überzeugung sind im Prozess der Zivilisation die stärkeren Waffen. Und am Ende muss die Zeit den betroffenen Gesellschaften zeigen, wer die Versprechen zivilisierten Zusammenlebens einhält und wer nicht.

3. Zum idealtypischen militärischen Führungsprozess

In der Regel werden alle Fragen des vorstehenden Abschnitts bereits bei der stabsmäßigen Erarbeitung auf höheren Ebenen im militärischen Führungssystem beantwortet. Ist das nicht der Fall oder nicht möglich, helfen die genannten Fragen, auch auf unteren Ebenen und bei kürzeren Planungshorizonten „in der Lage vor Ort" zu einer ethisch tragfähigen Antwort zu kommen. Selbst dann ist der Truppenführer bei seinen Entscheidungen in vermutlich sehr seltenen Fällen wirklich völlig einsam und allein nur auf sich gestellt. Deshalb hier eine knappe idealtypische Skizze der militärisch professionellen Routine im militärischen Führungsprozess. Dies entspricht dem fünften und sechsten Schritt des ethischen Stufenmodells, der

---

Informationsoperationen von Streitkräften vgl. *Evangelisches Kirchenamt für die Bundeswehr* (2009), 334-339.

Prüfung der sittlich-kommunikativen Verbindlichkeit von Verhaltensoptionen und dem Urteilsentscheid. Für das militärische Führungssystem als Ganzes stellen sich die folgenden Fragen: Werden sich die Bundestagsabgeordneten von dem in Ministerien und Kabinett unter Berücksichtigung des militärischen Ratschlags erarbeiteten Mandatsentwurf überzeugen lassen? Werden sich wiederum die militärische Führung und die Truppe von der Sinnhaftigkeit des Mandates überzeugen lassen? Und was sagt die Mehrheit der Bevölkerung im Entsendeland? Und was sagen Regierung und Opposition und die breite Bevölkerung im Einsatzland? Und was sagen gegebenenfalls nationale und internationale Gerichtshöfe?

Dem militärischen Führungssystem[28] können sich mit diesen Fragen vier Adressaten- und Rechtskreise öffnen. Der erste Kreis ist durch die Einbindung in die internationalen Bündnisstrukturen der NATO, der EU und der VN gegeben und erhält seine Verbindlichkeit für den Truppenführer durch seine Eidestreue nach § 7 Soldatengesetz. Im zweiten Kreis bindet ihn der Befehlsgehorsam nach § 11 Soldatengesetz an den nationalen Befehlsstrang, der vom Bundestagsmandat über den Inhaber der Befehls- und Kommandogewalt (IBUK) und das Einsatzführungskommando bis zum Befehlshaber reicht. Ein dritter Kreis wird bei *Out-Of-Area*-Einsätzen durch das *Status of Force Agreement* zwischen der *Host-Nation* und den Truppenstellern begründet und behandelt Fragen von Immunität und anderen Vorrechten. Im vierten Kreis geht es um die von militärischer Hoheitsgewalt Betroffenen, juristisch nieder-

---

[28] Das Führungssystem der Landstreitkräfte wird festgelegt in der HDv 100/200, vgl. *Bundesministerium der Verteidigung, Führungsstab des Heeres* (2010, Hrsg.) und dort insbesondere Kapitel 10: Führungsprozess der Landstreitkräfte, in dessen Zentrum die Entscheidungsfindung steht.

gelegt etwa in § 212 StGB zum Totschlag und § 8 VöStGB zu Kriegsverbrechen.[29]

Das militärische Führungssystem destilliert aus der Kommunikation in diesen bis zu vier Kreisen den militärischen Auftrag, der wiederum den Führungsprozess in Gang setzt. Der Übernahme und Interpretation des Auftrags folgt die Lagefeststellung einschließlich der laufenden Kontrolle aller Komponenten des Prozesses. Aus der Kombination von Auftrag und Lagefeststellung folgt die Entscheidungsfindung. Aus den Entscheidungen folgen die Planungen. Aus den Planungen fließt die Befehlsgebung, deren Umsetzung und Ergebniskontrolle wiederum über einen erneuten Auftrag, eine erneute Lagefeststellung plus Entscheidung und Planung den Führungsprozess zirkulär mit vorantreibt.

Die Truppenführer haben als gewissensgeleitete Staatsbürger in Uniform und Kombattanten nach dem Völkerrecht bewaffneter Konflikte die entscheidende Rolle für die reale Wirksamkeit dieses Systems. Sie sind es, die die Operation im Feld führen. Sie sind es, die sich mit anderen Akteuren im Feld auseinandersetzen. Sie sind es, die den Waffenbedienern den Feuerbefehl geben oder nicht geben. Sie sind es, die die militärischen Führungsinformationssysteme führen und mit Meldungen, Analysen und Berichten beliefern. Für jeden Truppenführer bedeutet dies, dass er seinen Ort im Führungssystem und seine Funktion im Führungsprozess versteht, und das kann er nur, wenn er eine hinreichende Vorstellung von dem gesamten System hat, dessen Organ er ist und dessen Systemlogik er verpflichtet ist.

---

[29] Ich danke dem LRDir Gerhard Stöhr für seinen Hinweis auf die vier Rechtskreise.

(1) Er rekapituliert den *legitimen politischen Zweck:* Die Truppe garantiert militärischen Schutz für an Leib und Leben bedrohte Menschen entsprechend des vom Parlament ausgewiesenen Mandates. Wenn er das voraussetzen kann, besteht seine Aufgabe grundsätzlich darin, entsprechend der Konfliktart und der Lage das Gewaltmonopol eines legitimen Staates aufzurichten, zu erhalten und durchzusetzen oder die Gefährdung des Friedens in der Welt im Rahmen eines Systems kollektiver Sicherheit abzuwehren. Der völkerrechtlichen Figur des Kombattantenprivilegs entsprechend bedeutet dies, Gegner an der Verfolgung feindlicher Absichten mit allen erforderlichen Mitteln zu hindern und, wenn es nicht anders möglich ist, entgegen der natürlichen Tötungshemmung und dem kulturellen Tötungsverbot gezielt zu töten. Dies ist nur zulässig auf Basis und in den Schranken rechtsstaatlicher und international geltender Rechtsbestimmungen. Der gesamten hoffentlich mit großer Mehrheit in Parlament beschlossenen Aufgabe widmet sich die Truppe im weitgehenden Konsens mit der Zivilgesellschaft. Wie gesagt, ist dies der idealtypische Maßstab.

(2) Eben diesem Zweck und dieser Aufgabe gilt die gewissenhafte und verantwortungsvolle *Rekrutierung, Erziehung und Ausbildung und Ausrüstung des militärischen Personals.* Sie umfasst die geschickte, kluge, aber auch ehrliche Anwerbung unter Verzicht auf falsches Pathos, die intensive und engagierte allgemeine Grundausbildung, die gerechte und strenge Prüfung und sorgfältige und vorurteilsfreie fach- und einsatzspezifische Auswahl des Personals, ihre Bindung an den Eid, die Stärkung ihrer Motivation durch überzeugend gelebte Vorbilder und eine kritische Auseinandersetzung mit dem eigenen Beruf und die Schärfung des Gewissens an den ethischen Grundsätzen

des Menschen- und Völkerrechtes.[30] Dem genannten Zweck dient im Einzelnen die Bereitstellung aller erforderlichen wirtschaftlichen und technischen Ressourcen, die Erziehung zu Fürsorge, Kameradschaft und Disziplin – z.B. was Ernährung, Hygiene, Erholung und Sport betrifft – im Truppenalltag, das instrumentelle Erlernen des Waffengebrauchs (psychologisch: operante Konditionierung; militärisch: „Drill") einschließlich der Prävention gegen Traumafolgestörungen[31], Verrohung, Suizide, Amokläufe und Massaker[32], die Übung der kultursensiblen Entscheidungsfindung, ein realistisches sowohl detailliertes wie weitblickendes Konzept der Lage und des Gegners, das offene Gesprächsklima in der Kampfgruppe, eine allgemein positive Fehlerkultur. Und bei all dem darf nicht vergessen werden, dass auch Soldaten nicht vollständig in ihrem Beruf aufgehen. Es gibt ein Leben außerhalb der Kaserne, ein Privatleben nach der Dienstzeit in Kaserne und Feldlager, ein Leben vor und nach dem Einsatz und vor und nach der Lebensdienstzeit mit einer Fülle sozialer Beziehungen.[33]

(3) Verantwortlich für den *Einsatz dieser Ressourcen* ist die militärische Führung, sie kann sich im Ernstfall auf die Menschen und deren Ausbildungsstand, die strategischen, operativen und taktischen Routinen und das Material verlassen, insbesondere auf die Kameradschaft in der

---

[30] Vgl. *Weigt, Jürgen* (2014): 252ff.
[31] Vgl. *Fischer, Gottfried / Riedesser, Peter* (2009⁴): *Özkan, Ibrahim / Sachsse, Ulrich / Streeck-Fischer, Annette* (2012, Hrsg.).
[32] Vgl. *Wolfersdorf, Manfred / Wedler, Hans* (2002, Hrsg.); *Theisen, Manfred* (2005); *Ames, Mark* (2006); *Greiner, Bernd* (2007): 256-356; *Sémelin, Jacques* (2007); *Christians, Heiko* (2008); *Eisenberg, Götz* (2010); *Konle, Christian* (2010); *Bründel, Heidrun* (2011).
[33] Vgl. *Evangelisches Kirchenamt für die Bundeswehr* (2009), 320-344; *Kümmel, Gerhard* (2010); *Bender, Christiane* (2014); *Groos, Heike* (2014).

Gruppe und auf eine durch Offenheit und Respekt geprägte Führungskultur über die gesamte Befehlskette hinweg. Und da Loyalität keine Einbahnstraße ist, setzt die Truppe umgekehrt ihr Vertrauen in die Legitimität, Entscheidungsfähigkeit und Zuverlässigkeit der Führung und damit in die Legitimität des gesamten Auftrages.

(4) *Nach Ende einer Operation* kümmert sich die Truppenführung um eine umfassende Nachsorge. Dazu gehören intensive Auswertungsgespräche (Debriefing) insbesondere bei Verlust von Kameraden. Insbesondere bei Verwundung und Trauma treten sanitätsdienstliche, psychologische und seelsorgliche Versorgung hinzu.[34] Fachlich werden alle Erfahrungen kontinuierlich ausgewertet und fließen wieder in den Führungsprozess ein *(Lessons Learned)*. Bei Verdacht auf rechtswidrige Handlungen werden disziplinare und staatsanwaltliche Ermittlung eingeleitet. Für deren rechtsstaatliche Bearbeitung steht ein geeignetes, d.h. sachkundiges und unparteiisches und unabhängiges Ermittlungs- und Gerichtswesen bereit.

(5) Neben der Verantwortung nach innen trägt die taktische militärische Führung eine *Verantwortung nach außen,*

---

[34] Vgl. *Tegtmeier, Catri / Tegtmeier, Michael A.* (2014). Zu den besonderen völkerrechtlichen Vorgaben und ethischen Herausforderungen des Sanitätsdienstes vgl. *Beam, Thomas E. / Sparacino, Linette R.* (2003, Hrsg.); *Lounsbury, Dave E. / Bellamy, Ronald F.* (2003, Hrsg.); *Lübbe, Weyma* (2004, Hrsg.); *Gross, Gross, Micheal L.* (2006); *Sass, Hans-Martin* (2006); *Allhoff, Fritz* (2008, Hrsg.); *Evangelisches Kirchenamt für die Bundeswehr* (2009), 219-232, 292-297; *Schubert, Hartwig von / Weber, Ulrich* (2009); *Gross, Michael L. / Carrick, Don* (2013, Hrsg); *Kowalski, Jens / Siegel, Stefan / Zimmermann, Peter* (2014). Für die besondere ethische Bewältigung der Sichtung (Triage) bei Massenanfall von Verwundeten vgl. *Sanitätsamt der Bundeswehr* (2006), Kap. VII. Zur Frage des Waffendienstes von Sanitätssoldaten vgl. *Dreist, Peter* (2008). Zur Frage der Schutzzeichnung von Sanitätskräften im asymmtrischen Kampf vgl. *Uslar, Rolf von / Schewick, Florian von* (2009).

insbesondere gegenüber der strategischen Führung und diese gegenüber der Politik. Christian Freuding hat neun Bundeswehreinsätze von IFOR in Bosnien-Herzegowina 1995 bis UNIFIL im Libanon 2006 danach untersucht, ob und wie sie den Prämissen der drei klassischen politikwissenschaftlichen Denkschulen entsprechen.[35] Folgen sie eher dem neorealistischem, dem liberal-institutionalistischen oder dem konstruktivistischen Theorieansatz? Seine Analyse zeigt, dass das reine Interessen- und Machtkalkül des Neorealismus in keinem der untersuchten Fälle leitend gewesen sein kann, dass in einigen Fällen idealistische, genauer gesagt, liberal-institutionalistische Handlungsmuster den Einsatz erklären können, dass vor allem aber konstruktivistische Momente die deutsche Außen- und Sicherheitspolitik nach 1994 bestimmt haben. Übersetzt heißt dies, Deutschland hat in der Regel auf die Initiativen der Bündnispartner reagiert, ist auf Sicht gefahren und hat sich durchgewurstelt. Und wie wir inzwischen wissen, sind die Kapazitäten der Streitkräfte dabei bis an ihre Grenzen strapaziert worden, die materiellen Voraussetzungen für die nachhaltige Umsetzung der aktuellen Konzeption der Bundeswehr sind nicht gegeben. Die ideellen sind es aber durchaus: Westliche Demokratien sind sehr wohl willens und in der Lage, auch in asymmetrischen Konflikten und dort auch militärisch Verantwortung zu übernehmen. Allerdings: „Für die praktische Politikgestaltung würde ein derartiges Verantwortungsverständnis auch erfordern, unsere Prozesse und Institutionen auf nationaler wie internationaler Ebene zu überprüfen. Werden sie noch den aktuellen und absehbaren Anforderungen an den sicherheitspolitischen Informations- und Entscheidungsbedarf gerecht? Sind unsere parlamentarischen Verfahren verein-

---

[35] Vgl. *Freuding, Christian* (2007).

bar mit der Integration deutscher Truppenteile in NATO- und EU-Reaktionskräfte? Welche Folgen hat dies für unsere Verlässlichkeit im Bündnis? Über welche Verfahren verfügen wir, um das Erreichen unserer Ziele im Einsatz zu überprüfen, Erfolge zu messen? Wie ist der zunehmende Detaillierungsgrad der Bundestagsmandate mit der erforderlichen militärischen Flexibilität in hochkomplexen Einsatzszenarien vereinbar?"[36] Die Liste dieser Fragen ließe sich erweitern. Das seit Februar 2015 in Arbeit befindliche neue Weißbuch der Bundesregierung wird bis in die operative und taktische Ebene hinunter klare Antworten geben müssen auf die folgenden Befunde: Das Personal ist knapp: Seit der Aussetzung der Wehrpflicht ist es für die Bundeswehr schwerer geworden, Personal zu gewinnen und zu halten. Diskutiert werden mehr Anerkennung, berufliche Erfüllung, gute Arbeitsbedingungen, Präsenz bei der Familie, berufliche Sicherheit, Geld. Die Ausrüstung und das Material sind verschlissen, und Ersatz kommt zu spät: Die laufenden Einsätze haben die Truppe überstrapaziert, die Pflege der *Lessons Learned* ist fraglich. Die deutsche Rüstungsindustrie steht seit dem Rückgang der Nachfrage aus Inland und Partnerländern vor einem dramatischen Wandel. Sie muss das Geschäftsfeld verlassen oder mehr exportieren. Rüstungsexporte in Drittstaaten aber sind ethisch fragwürdig. Wieviel ist Deutschland die Systemfähigkeit der heimischen Rüstungsindustrie wert? Die Lastenverteilung unter den Bündnispartnern ist ungeklärt. Noch gibt es diverse Alleingänge. Kein europäisches Land jedoch kann seine innere und äußere Sicherheit allein gewährleisten. Damit stellen sich die Fragen nach der Souveränität und nach dem Willen und der Bereitschaft zur globalen Mitverantwortung, der Kriterien

---

[36] *Freuding, Christian* (2011), 25.

für den Einsatz militärischer Mittel und der dafür erforderlichen Haushaltsmittel. Zu den Fragen der Friedens-, Verteidigungs- und Sicherheitspolitik ist die Expertise aus der gesamten Gesellschaft, für ihren Teil aber aus der Truppe gefragt.[37]

Die Rede ist von der Beratung der Verantwortlichen auf der strategischen Ebene, die wiederum den Generalinspekteur beraten müssen bei der Erarbeitung des „Militärischen Ratschlags" an die Adresse der Bundesregierung. Hier lautet der ethische Anspruch: Alle Abweichungen von dem oben beschriebenen idealtypischen Bild werden dokumentiert und gemeldet, gehen so in den Führungsprozess ein und werden bei Bedarf auch den politisch Verantwortlichen nicht vorenthalten. Das hypermoralische Idealbild des militärischen Führers jedoch, der alles meistert, wirkt hier kontraproduktiv. Der militärische Berater sagt ehrlich, was geht und was nicht geht, was gebraucht wird und was nicht, auch wenn dies seiner Karriere einmal nicht förderlich sein sollte. Das Wohl der Truppe und der sinnvolle Einsatz knapper Ressourcen haben Vorrang; *ethical correctness* geht vor *political correctness*.

Nach kritischer Selbsteinschätzung höherer Offiziere fehlt es an der nötigen Bereitschaft, die geregelten Verfahren im Gegenüber zur strategischen und politischen Führung auch offensiv zu nutzen. Von Beginn ihrer Karriere an neigten Offiziere der Bundeswehr dazu, sich der Verwaltung anzupassen, Konflikte zu vermeiden, lieber den bürokratisch „abgesicherten" Modus zu wählen, als den Belangen der Truppenführung den erforderlichen und angemessenen Nachdruck zu verleihen. Das Problem sind demnach weniger die Strukturen und Regeln, als vielmehr

---

[37] Vgl. die Beiträge in *Bohrmann, Thomas / Lather, Karl-Heinz / Lohmann, Friedrich* (2014, Hrsg.), 141-212.

die Prägungen und Mentalitäten des militärischen Führungspersonals. Es gibt aber noch einen weiteren Faktor: Zwischen militärischer Führung und politischem Mandatsgeber geht es wie in kaum einem anderen Politikfeld um Entscheidungen unter wirklich sehr großer Unsicherheit. Wer kann schon vorhersehen, was in den nächsten Jahren in Zentralasien oder in Westafrika auf die Truppe zukommt? Wer will sich dafür verbürgen, dass sich bestimmte Rüstungs- und Beschaffungsprojekte im sicherheitspolitischen Umfeld des Jahres 2025 bewähren werden? Aber dann ist es doch umso wichtiger, dass die Entscheidungs-, Planungs- und Führungsprozesse mit großer Sorgfalt und Flexibilität ausgestaltet und die Planungsunsicherheiten bis in die taktische Ebene hinein kommuniziert werden. Dann werden die Betroffenen im Feld vermutlich mehr Geduld und Verständnis, aber auch Beharrlichkeit angesichts mancher Ungereimtheiten aufbringen.

Das gilt auch für Hinweise auf die generell begrenzte Wirksamkeit militärischen Handelns. Im Sinne des Ansatzes der „Vernetzten Sicherheit" könnten Soldaten vermutlich aus ihren Erfahrungen heraus glaubwürdig bezeugen, dass die Lebensverhältnisse von Menschen und Gesellschaften in Krisen und Konflikten nicht allein durch die Wiederherstellung von Staatlichkeit und den Aufbau von Rechtsstaatlichkeit geschützt und gebessert werden. Denn dies geht erfahrungsgemäß stets mit einem hohen Maß an Gewalt einher. Truppenführer können anregen und dazu beitragen, neben notwendigen Instrumenten der Krisenreaktion Instrumente der Prävention zu entwickeln. Um mehr Kohärenz zwischen den Ressorts der Bundesregierung zu erreichen, können alle Truppenführer von ihnen beobachtete, auf das Einsatzgebiet bezogene kritische Aktivitäten melden und entsprechend ihrer wünschenswerten oder bedenklichen Wirkungen kommentieren und würdigen. Hierzu können Maßnahmen der Diplomatie und der Entwicklungszusammenarbeit gehören ebenso wie z.B. Waffenlieferungen und Rüstungsexporte. Truppenführer gehen ihrerseits aktiv auf Vertreter anderer Ressorts zu und bitten diese um kritische Kommentierung und Würdigung der militärischen Operationen. Ideal sind gemeinsame Führungsgremien und Stabsbesprechungen. Wie gesagt, gilt all dies idealtypisch.[38]

---

[38] Frage ich einsatzerfahrene Offiziere, wie weit der Alltag der Truppe in Einsatz und Grundbetrieb sowie auf der ministeriellen Ebene von diesem Idealbild entfernt ist, so bekomme ich insgesamt die folgende Antwort: Noch sei die Truppe gut ausgebildet, noch sei sie gerade hinreichend ausgerüstet. Die zunehmend klaffenden Mängel könnten aber durch Improvisation nicht mehr aufgefangen werden. Das ließe sich durch die höhere Führung auch nicht mehr weiter schönreden. Dies Meinungsbild entspricht in etwa auch dem Befund der *KPMG-Unternehmensberatung, P3-Ingenieurgesellschaft, Kanzlei Taylor Wessing* (2014) sowie dem jüngsten Bericht des Wehrbeauftragten; vgl. *Deutscher Bundestag* (2015). Die gravierenden Dysfunktionalitäten zwischen dem politischen Auftraggeber und dem militärischen Auftragnehmer hat der Historiker Klaus Naumann in zwei Studien ausführlich dargelegt: *Naumann, Klaus* (2008); *Naumann, Klaus* (2013). Die auf Anraten der Weizsäcker-Kommission im Jahr 2000 und der Weise-Kommission von 2010 eingeschlagenen Wege sind noch längst nicht zuende gegangen, vgl. *Kommission „Gemeinsame Sicherheit und Zukunft der Bundeswehr"* (2000); *Strukturkommission der Bundeswehr* (2010). Könnte es sein, dass doch sehr grundlegende Strukturen verändert werden müssen? Oder stimmen die Strukturen, aber die Mentalitäten liegen noch quer? Ein seit geraumer Zeit von der Abteilung Planung im BMVg und dem Planungsamt der Bundeswehr erarbeiteter „Integrierter Planungsprozess" soll die zuvor getrennten Bereiche Bundeswehrplanung, Haushalt und Controlling enger, im Jahresrhythmus und bundeswehrgemeinsam zusammenführen. Der erste der drei wesentlichen Planungsschritte ist die Zukunftsentwicklung, in der das Fähigkeitsspektrum der Bundeswehr kontinuierlich mit verändernden Rahmenbedingungen des Sicherheitsumfeldes Deutschlands verglichen wird. Maßgeblich dafür sind die strategischen Zielvorgaben der Leitung des BMVg. Das daran anschließende Fähigkeitsmanagement definiert das erforderliche Fähigkeitsniveau der Bundeswehr. Die Planungsumsetzung analysiert schließlich den Finanzbedarf, den Ressourcenplan und stellt den Haus-

4. Zu den soldatischen Tugenden

Ethisch verantwortliche Entscheidungen müssen nicht nur gefällt, sie müssen auch umgesetzt und gelebt werden. Ich habe jetzt umrissen, wie der ethische Entscheidungs-Check aussieht und wo er seinen Ort hat. Nach demselben Vierer-Schema möchte ich deshalb nun noch die Frage nach genuin soldatischen Tugenden im Sinne von Charaktereigenschaften und Haltungen beantworten, zu denen sich Soldaten erziehen sollten und die ich im Folgenden kursiv hervorhebe:

(1) In Ausübung ihrer Befehlsgewalt gegenüber Untergebenen und in Loyalität zur Befehlsgewalt ihrer Vorgesetzten sowie in ihrer fachlichen Verantwortung ergreifen Truppenführer grundsätzlich aus eigener Einsicht und Überzeugung die *Initiative* zum Handeln. Die Kultur von Befehl und Gehorsam ist durch wechselseitige *Treue* und *Kameradschaft* und durch *Disziplin* und *Klarheit* geprägt. Truppenführer wissen, dass die von ihnen mit der Befehlsausgabe übernommene *Verantwortung unteilbar* ist. Sie

---

haltsentwurf auf. Konkret: „Die Initiative Suchgerät Lawinenverschüttete forderte 2013 beispielsweise für die Ausstattung der Gebirgsjägertruppe und Spezialkräfte des Heeres moderne Funk-Suchgeräte. Die Geräte sollen bei der Rettung von Lawinenverschütteten eingesetzt werden und die alte Technik ablösen", vgl. *Kaiser, Thomas* (2014), 17. Der mehrstufige Prozess reagiert auf die Initiative der taktischen Führung und beginnt mit der Erstbewertung, ob überhaupt formale und inhaltliche Aspekte für eine fachliche Prüfung vorhanden sind. Dann wird die Zielkonformität mit rechtlichen und konzeptionellen Grundlagen sowie weiteren Vorgaben aus anderen Bereichen geprüft. In genannten Fall wurden dazu die Leitlinien zur Neuausrichtung der Bundeswehr für Konfliktverhütung, Krisenbewältigung und militärische Evakuierungsoperationen im gesamten geographischen und klimatischen Spektrum herangezogen. Ferner wurde geklärt, inwiefern es wirklich notwendige Fähigkeiten der Bundeswehr sind, die verbessert werden müssen. Und schließlich wurden Kosten und Zeitaufwand ermittelt.

stehen dafür gerade, sie tragen alle Konsequenzen bis hin zur persönlichen Haftung im Rahmen geltender Gesetze, Weisungen und Vorschriften, sie geben *Vorbild* und sie zollen allen hinreichend legitim autorisierten Trägern hoheitlicher Aufgaben den gebührenden *Respekt*. Sie verschonen Vorgesetzte, Mitglieder der Regierung und des Parlamentes wiederum nicht mit unangenehmen Wahrheiten, wenn die Truppe aufgrund von Entscheidungen der politischen und militärischen Führung oder eigenen Mängeln und Fehlern ihre Aufgabe nicht erfüllen kann. Er sieht seine Pflicht in der *kritischen Loyalität* gegenüber der legitimen politischen Ordnung, in deren Auftrag und für deren Stärkung er kämpft.

(2) Bei der Beurteilung der Lage als wesentlicher Grundlage für die Begründung des Auftrags und allfällige Entschlüsse stehen Truppenführer *treu und tapfer* an der Seite der Schutzbefohlenen, bemühen sich um eine möglichst *ehrliche und sorgfältige* Einschätzung der eigenen Lage sowie der des Gegners, dem auch im tödlichen Konflikt die Anerkennung seiner Menschenwürde nicht versagt wird.

(3) Bei der verantwortlichen Entwicklung der Absicht, also der Ziele militärischer Operationen sorgt der Truppenführer *verlässlich* für die Bereitstellung aller erforderlichen Schutzmaßnahmen. Den Schutz der anvertrauten Menschen und Güter setzt der Truppenführer *uneigennützig* über seinen eigenen Schutz und den seiner Einheiten.

(4) Um einen möglichst verhältnismäßigen Einsatz der Mittel sicherzustellen, erzieht der Truppenführer sich und seine Einheit zur *Tapferkeit* als Produkt aus Mut und Kampfbereitschaft, Besonnenheit und Opferbereitschaft im Blick auf die eigene Gefährdung und die der Kameraden. Und er übt sich in der *Mäßigung* im Sinne der Beschränkung auf die für die Wirkung im Ziel geeigneten,

zur Abwehr des Gegners erforderlichen und für das Wohl aller insgesamt Betroffenen angemessenen Maßnahmen.

Nun fehlt noch der sechste und letzte Schritt des ethischen Stufenmodells. Ich stelle ihn in Gestalt einer exemplarischen Fallanalyse vor. So wird deutlich, dass das Stufenmodell nicht linear abgearbeitet, sondern mal zirkulär, mal vor- und mal zurückfragend durchlaufend wird.

IV. Eine exemplarische Fallanalyse

In einer Übung wird das folgenden Szenario[39] gestellt: Der Deutsche Bundestag beschließt ein Mandat zur Beteiligung bewaffneter deutscher Streitkräfte an dem Einsatz einer internationalen Sicherheitsunterstützungstruppe. Einsatzraum ist eine Region im Gebiet eines Staates jenseits des Bündnisgebietes, der nach jahrzehntelangen Kriegen und Bürgerkriegen weit davon entfernt ist, eine stabile, geschweige denn demokratische Herrschaft aufzuweisen. Auf Bitten und Einladung jenes Staates dient der Einsatz der Durchsetzung des prekären staatlichen Gewaltmonopols zum Schutz der Bevölkerung vor den Angriffen konkurrierender Gewaltgruppen. Die Führung liegt bei der NATO auf Grundlage von Resolutionen des Sicherheitsrates der Vereinten Nationen.

Der deutsche Kommandeur des Kontingentes wird von seinem Stabschef und den Stabsabteilungsleitern und vom Rechtsberater über die folgende durch eigene Kräfte zuverlässig aufgeklärte Lage unterrichtet:

(1) Eine irreguläre Gewaltgruppe plant einen Angriff auf Einheiten des Kontingentes mit einer erheblichen Menge chemischer Agenzien. Die Menge reicht aus für den Tod von Tausenden Menschen. Die Gruppe hat die Chemikalien in einem Gebäude in einem kleinen Dorf deponiert und ist unter Führung von mehreren maßgeblichen Anführern dabei, sie für den Einsatz in kleinere Chargen aufzuteilen, so dass mit einem Angriff in wenigen

---

[39] Inzwischen mehren sich öffentlich zugängliche Dokumente, die für die militär-ethische Fallanalyse von Bundeswehreinsätzen genutzt werden können. Ich nenne beispielhart *Zimmermann, Mike* (2014). Wünschenswert wäre die Anlage einer Fallsammlung nach den von mir avisierten Standards ethischer Urteilsbildung.

Stunden zu rechnen ist. Unbekannt ist, wie geübt die Gruppe in Operationen dieser Art ist.

(2) In dem genannten Gebäude leben zivile Personen, etwas weiter entfernt liegt das nächste Gebäude mit weiteren Bewohnern.

(3) Angesichts aktuell begrenzter Möglichkeiten ist die kontinuierliche weitere Beobachtung der Feindaktivitäten sehr fraglich. Angesichts des knappen Zeitfensters ist eine Kontaktaufnahme mit dem deutschen Einsatzführungskommando und dem *Supreme Allied Command Europe (SACEUR)* technisch unmöglich.

(4) Dem Kommandeur werden drei Handlungsmöglichkeiten vorgeschlagen: Er kann einen Luftschlag befehlen, bei dem eine 500-Pfund-Bombe auf das Ziel gelenkt wird, die die feindlichen Kämpfer und ihre Waffen vernichtet sowie die Dorfbewohner. Oder er befiehlt eine Reihe von Artillerieschlägen, mit den gleichen Wirkungen, nur dass die entfernter wohnenden Zivilisten verschont werden. Entweder werden die Schläge unterstützt durch ein lokales *Joint Fire Support Team (JFST)*, das allerdings erheblichen Risiken ausgesetzt wird. Oder die Artillerie feuert – gegen geltende RoE's – ohne lokale Observation. Die dritte Möglichkeit ist, nichts zu tun.

(5) Der Rechtsberater erläutert die geltende Rechtslage: Der Gegner hat zwar noch keine feindlichen Handlungen eingeleitet, lässt aber eindeutig feindliche Absichten erkennen. Alle drei Möglichkeiten liegen deshalb innerhalb der Schranken des Rechts bewaffneter Konflikte. Die erste Option allerdings liegt auf der rechtlichen Grenze und erfordert wegen der Überschreitung der kritischen

Kollateralopferzahl die Erlaubnis des deutschen Einsatzführungskommandos und des SACEUR.[40]

Was nun die strategische Lagefeststellung und -beurteilung betrifft, so wird diese bei diesem operativen Problem einerseits vorausgesetzt, andererseits kann ich an dem wesentlichen Detail dieses Falls zeigen, welche Fragen die Clausewitz'schen Hauptlineamente in einem solchen Fall wachrufen, die von der taktischen an die operative und an die strategische Ebene zu richten sind: Was, um Gottes willen, ist im Zusammenwirken von „Volk", „Regierung" und „Feldherr" in ihren jeweiligen Zweck-Ziel-Mittel-Rela-tionen alles falsch gelaufen, dass überhaupt eine solche kritische Menge an chemischen Agenzien soweit ins Einsatzgebiet verbracht werden konnte, dass sie nun kurz vor der Umsetzung stehen?[41]

Ganz gleich, welche politischen und strategischen Fehler gemacht wurden, der ethische Entscheidungs-Check auf der taktischen Ebene behandelt nun die folgenden Punkte:

(1) Autorisierung (legitima potestas): Dem Einsatz liegen die Zustimmung der Host-Nation, ein Bundestagsmandat, mehrere UN-SR-Resolutionen sowie Befehle der zuständigen NATO-Instanzen zugrunde. De Forderung der legitimen Autorisierung ist aber nur formal erfüllt. Dass nämlich im Einsatzland die letzten Wahlen gefälscht worden sind, erscheint mehr als gewiss. Dass der gesamte Einsatz in Deutschland von ca. 70% der Befragten abgelehnt wird, zeigen Umfragen. Die politische und militäri-

---

[40] Vgl. *Werres, Björn* (2014); *Klocke, Adrian* (2014).
[41] Es müssen immer politische und strategische Fehler gemacht worden sein, wenn es zu Militäreinsätzen kommt. Denn diese sind *per definitionem ultima ratio*, so dass ganz offensichtlich mögliche *primae rationes* nicht hinreichend in Ansatz gebracht wurden. Auch politisches Handeln ist unvollkommen und hat immer nur eine begrenzte Reichweite.

sche Führung muss sich diesen Herausforderungen strategischer Kommunikation stellen. Sie muss das Mandat und die Strategie, ihre Stärken und Schwächen, ihre Erfolge und Misserfolge, einer breiten öffentlichen Kritik zugänglich machen. Kurzfristig mögen unpopuläre politische Projekte nur gelingen, wenn sie nicht kommuniziert werden, langfristig rächt sich dies, da dann die gegnerische Propaganda leichtes Spiel hat.

(2) *Rechtfertigungsgrund (causa iusta efficiens)*: Die lange Epoche der Gewalt im Einsatzland und ihre gravierenden negativen Auswirkungen auf den Frieden in der Welt lassen die internationale *Peace-Enforcement-* und *Peace-Keeping-Operation* gerechtfertigt erscheinen. Die akute Gefahr eines Angriffs mit Massenvernichtungsmitteln rechtfertigt dessen Abwehr in hohem Maße.

(3) *Zweck und wahre Absicht (causa iusta finalis et recta intentio)*: Der internationale Einsatz mit zivilen und militärischen Mitteln hat zu namhaften Fortschritten in der menschlichen Sicherheit und Entwicklung beigetragen, allerdings wurden auch viele Fehler gemacht, insgesamt waren die zivilen Anstrengungen unzureichend, u.a. auch weil sie zu wenig kommuniziert wurden. Der gesamte Einsatz ist bis heute konzeptionell unausgereift. Die Lage wird auf absehbare Zeit instabil bleiben. Umso mehr ist die erfolgreiche Abwehr des Einsatzes von Massenvernichtungswaffen ein legitimes Ziel auf dem Weg zu Befriedung des Einsatzgebietes. Das sehen in der Regel auch die Kritiker von Militäreinsätzen ein.

(4) *Verhältnismäßigkeit (proportionalitas)*: Der Vorteil der erfolgreichen Vernichtung eines Zieles von hoher militärischer Bedeutung und der Abwendung von Gefahren für eine potentiell vierstellige Zahl von Menschen steht gegen den Nachteil des Verlustes der Initiative, der zu erwartenden eigenen Verluste und der Kollateralopfer in kritischer Zahl. Überdies tragen alle drei Optionen das Risiko gene-

rell schädlicher Folgen für die Autorität der militärischen Führung, die Glaubwürdigkeit des Kontingentes und die Sinnhaftigkeit des gesamten Einsatzes.

Fazit 1: Die Legitimität des gesamten Einsatzes ist trotz berechtigter Einwände in hohem Maße gewährleistet. In diesem Lichte ist die Abwehr eines Angriffs mit Massenvernichtungsmitteln nicht nur erlaubt, sondern zwingend geboten.

Was die Details der Abwehrmaßnahmen betrifft, so wird für jeden der genannten Vor- und Nachteile eine der knappen Zeit entsprechend kurze Prüfung ihrer Eintrittswahrscheinlichkeit und ihres Schadensausmaßes vorgenommen. Die Übenden könnten zu folgendem Ergebnis gelangen:

1. Im Blick auf die erfolgreiche Vernichtung eines Zieles von hoher militärischer Bedeutung besteht hohe Gewissheit bei Optionen 1 und 2.

2. Hinsichtlich der erfolgreichen Abwendung von Gefahren für eine potentiell vierstellige Zahl von Menschen besteht eine mittlere Gewissheit bei allen Optionen.

3. Über die zu erwartenden eigenen Verluste beim JFST besteht eine mittlere Gewissheit bei Option 2.

4. Mit Kollateralopfer in oder jenseits der kritischen Zahl ist mit hoher Gewissheit bei Optionen 1 und 2 zu rechnen, aber auch bedingt durch den Chemiewaffeneinsatz bei Option 3.

5. Der Verlust der Initiative droht nur bei Option 3.

Fazit 2: Da alle Optionen schwer abschätzbare Folgen auf operativer, strategischer und politischer Ebene haben, kann dies unbeachtet bleiben. Alle Optionen beinhalten das Risiko von Kollateralschäden, die ersten beiden allerdings in quantitativ klar eingrenzbarem, relativ geringen Umfang. Da Option 3 zwei erkennbare Nachteile und den Verzicht auf alle greifbaren Vorteile bedeutet, bleiben nur die Optionen 1 und 2. Damit bleibt eine Abwägung zwischen dem Risiko des JFST und dem der fünfzehn Dorfbewohner. Um der hohen Verpflichtung staatlicher Akteure auf den Schutz der Zivilbevölkerung willen, entscheidet der Kommandeur zugunsten von Option 2, veröffentlicht seine Entscheidung offensiv im Rahmen der „Strategischen Kommunikation", gibt die entsprechenden Befehle aus und bereitet bereits das *„Battle Damage Assessment"* und die unmittelbare medizinische und psychosoziale Nachsorge und die Nachbesprechung vor.

Muss noch einmal eigens betont werden, welche Punkte aus den drei vorangehenden Kapiteln sich jetzt bei der Fallanalyse bewährt haben? Der Fall gehört sicherlich in den dritten Typ ethischer Probleme, da die Verantwortlichen in einem echten Dilemma zwischen hochrangigen ethischen Prinzipien stehen (vgl. Kap. I, These 9.6). Über diesen Hinweis hinaus reicht es meines Erachtens, wenn die Methode sichtbar geworden ist. Ihren Sinn erfüllen meine Überlegungen, wenn sie dazu anregen, die Methode immer wieder neu zu erproben, zu variieren und weiterzuentwickeln.

V. *Military Ethics:* interdisziplinär und international

In diesem letzten Kapitel soll ein Ausblick auf die Konzeption einer „Integrativen Militärischen Ethik" im interdisziplinären und internationalen Kontext meine Überlegungen abschließen.[42] Unter dem Begriff „Angewandte Ethik" (*Applied Ethics*) haben sich seit Ende der 1970er Jahre in den angewandten Wissenschaften einige Bereichsethiken etabliert, die zwar nicht jedes Mal die Ethik neu erfinden, wohl aber den Eigenarten des jeweiligen Sachgebiets Rechnung tragen. Dazu gehören die Medizinethik, die Wirtschaftsethik, die Medienethik, die Ethik in den Bereichen Erziehung und Bildung usw. .

Mit einiger Verzögerung kommen inzwischen Arbeiten hinzu, die sich auf den Beruf des Soldaten und militärspezifische Fachgebiete beziehen. Im angelsächsischen Bereich dominiert der Begriff *Military Ethics*, im Französischen *Éthique Militaire*. Im deutschen Sprachraum sind die Begriffe Wehrethik und Militärische Ethik üblich, nach einem ersten Vorläufer bereits im Jahr 1936. Allerdings dominierte in der Bundeswehr seit ihrer Gründung im Jahr 1956 der Begriff *Innere Führung*, der allerdings in seinen maßgeblichen Quellen noch die Zeiten des zwischenstaatlichen und des Kalten Krieges spiegelt und als Begriff international nur schwer vermittelbar ist. Vielleicht hat dieser namhafte deutsche Sonderweg mit dazu beigetragen, dass das Thema einer soldatischen Berufsethik in Deutschland bis heute nur sehr wenig im Austausch steht mit anderen Bereichsethiken und auch nur wenig mit den Debatten im Fach Ethik generell. Medizinethik ist heute ein boomender Markt; auf jedes Themengebiet kommen

---

[42] Vgl. *Bargmann, Jens* (2004); *AlDailami, Said / Bohrmann, Thomas / Neth, Raphael* (2014).

Dutzende Experten. Mit der Militärischen Ethik ist es derzeit noch umgekehrt: auf jeden Experten kommen Dutzende von Themen.

Eine militärische Ethik sollte nicht als isolierte Sonderethik, sondern als *integrativer Teil einer umfassenden Friedensethik* entwickelt werden.[43] Die Leitideen sind dieselben wie die einer Ethik des Menschen- und des Völkerrechts: Freiheit, Gerechtigkeit und Frieden – und das differenziert im Blick auf Fragen der Moral und des Rechts. Der Anspruch einer militärischen Ethik kann deshalb nur in der Weise erfüllt werden, dass das Handeln von Soldaten fest verwoben wahrgenommen wird mit dem Primat rechtsstaatlich geordneter Politik und dem Handeln von Experten in den Bereichen Diplomatie, Entwicklungszusammenarbeit, Polizei, Katastrophenschutz usw. . Eine militärische Ethik richtet sich folglich zu allererst an die

---

[43] Die rechtspazifistisch angelegte EKD-Friedensdenkschrift von 2007 integriert ihre Aussagen zum Einsatz von Militär in das Hauptkapitel „3. Gerechter Frieden durch Recht". Im Abschnitt „3.1 Anforderungen an eine globale Friedensordnung als Rechtsordnung" entfaltet sie das idealtypische Modell einer Weltfriedensordnung, gegliedert nach den in Abschnitt „2.5 Vom gerechten Frieden her denken" entwickelten vier Dimensionen „Vermeidung von Gewaltanwendung", „Förderung von Freiheit und kultureller Vielfalt" sowie „Abbau von Not". Im Abschnitt 3.2 entwickelt sie immer noch bezogen auf eine Weltfriedensordnung und im Sinne insbesondere der zweiten Dimension eine *Ethik rechtserhaltender Gewalt* als Gegenentwurf zur Lehre vom gerechten Krieg und konkretisiert diese in „3.3 Grenzen rechtserhaltenden militärischen Gewaltgebrauchs". Im Hauptkapitel „4. Politische Friedensaufgaben" erörtert sie ferner Vorschläge u.a. bis hinein in detaillierte konzeptionelle Forderungen an die Bundeswehr. Leider geht sie selbst dort mit keinem Wort auf die elementaren Grundentscheidungen der Haager Landkriegsordnung und der Genfer Abkommen zum Konfliktvölkerrecht ein, die dafür doch grundlegende Anforderungen formulieren. Vgl. deshalb zu diesen Fragen u.a.: *Evangelisches Kirchenamt für die Bundeswehr* (2009), 109-344; *Schubert, Hartwig von* (2014): Frieden durch Recht.

Organe von Staaten, deren Aufgabe die Sorge für die äußere Sicherheit darstellt. Im Anschluss daran richtet sie ihre Ansprüche an alle Akteure in bewaffneten Massenkonflikten. In Zeiten asymmetrischer Kampfführung ist dies eine noch weithin uneingelöste Forderung.

Den ethischen Rahmen zur Beurteilung militärischen Handelns stellt also eine *Ethik rechtserhaltender Gewalt,* die sich zwar am Konfliktvölkerrecht als ethischem Minimum orientiert, aber in folgender Hinsicht darüber hinausgeht: Sie erinnert jenseits positiver Rechtssetzungen an die Idee des Rechtes, sie achtet auf eine hinreichende Konsistenz des Völkerrechts mit anderen Rechtsgebieten, sie füllt die Lücken im Völkerrecht, sie mahnt zur Rechtstreue gegenüber bestehendem Völkerrecht sowie zu seiner Weiterentwicklung, sie legt im Interesse seiner Weiterentwicklung sowie in aporetischen Situationen strengere Maßstäbe an, sie fragt in Grenzsituationen nach möglichen Handlungsalternativen etwa aus dem Katalog des Polizeirechts.

Eine integrative militärische Ethik bündelt Themen, die in der Bundeswehr auf der Ebene der Grundlagendokumente und Konzeptionen, aber auch in der Ausbildung generell sowie im Rechtsunterricht, im Lebenskundlichen Unterricht und in der politischen Bildung im Besonderen bereits vielfältig behandelt werden. Warum also extra noch eine „Militärische Ethik"? Stehen Soldaten der Bundeswehr im Verdacht, unethisch zu handeln? Nein, sie stehen so viel und so wenig unter einem solchen Verdacht wie die Angehörigen aller Berufsgruppen. *Alle Berufe, die in einem hochtechnologisch und global geprägten Kontext einem stetigen und komplexen Wandel ausgesetzt sind, stehen unter Legitimationsdruck: die bewährten Prinzipien des Menschen- und Völkerrechts müssen immer wieder neu übersetzt und fortgeschrieben werden.* Und darüber hinaus galt schon immer: Ärzte können irren und fehlen, Kaufleute können irren und fehlen, Soldaten können irren und fehlen. Die militärische Ethik untersucht insbesondere neue Themen des Soldatenberufs daraufhin, ob und wie in ihnen den Prinzipien der Freiheit, der Gerechtigkeit und des Friedens Rechnung getragen wird. Und sie spitzt diese Themen noch einmal auf konkrete sowohl kollektive wie individuelle ethischen Entscheidungen zu.

Zwei internationale *Leitdokumente* prägen die Ethik des Menschenrechts und die Ethik des Völkerrechts und bilden somit auch die Grundlage einer militärischen Ethik: die Charta der Vereinten Nationen mit dem Leitbegriff des Friedens und die Allgemeine Erklärung der Menschenrechte mit den drei Verpflichtungen zum Respekt vor den bürgerlichen Freiheitsrechten, zum Schutz vor Gewalt, und zur Daseinsvorsorge gegen materielle Not. Militärisches Handeln unterliegt wie das aller staatlichen Sicherheitsorgane dem Friedensgebot und dem Gedanken der Schutzverpflichtung. Das Verhältnis von Menschenrecht und Humanitärem Völkerrecht wird kontrovers diskutiert und bedarf weiterer Klärung, wenn denn die Mandate künftiger deutscher Militäreinsätze der leidvollen Realität aktueller bewaffneter Konflikte Rechnung tragen sollen.[44]

Kern militärischen Handelns ist der Feuerkampf im bewaffneten Massenkonflikt. Dessen Legitimität ruht formal auf der Bedrohungsanalyse, der strategischen, operativen und taktischen Zielsetzung sowie der Wahl der geeigneten, notwendigen und erforderlichen Mittel. Innerstaatliche bewaffnete Konflikte kleinerer Gruppen fallen zunächst in die Zuständigkeit von Polizei- und Gendarmerie. Und selbst innerhalb von Streitkräften gibt es waffennahe und waffenferne Tätigkeiten. Solchen Differenzierungen hat

---

[44] Vgl. *Gebhardt, Anna* (2014); *Hankel, Gerd* (2014).

jede militärische Ethik Rechnung zu tragen. Ferner widmet sich die militärische Ethik *allen Fragen militärisch relevanten Handelns* von den Bereichen Personalanwerbung, -ausbildung und -einsatz über Rüstungsplanung, -beschaffung und -bewirtschaftung und bis zur gesamten konzeptionellen Planung militärischer Einsätze. Insofern ist militärische Ethik ein integrales Moment in allen militärischen Führungsprozessen.

Spätestens seit der Einführung der modernen Gewaltenteilung in der Staatslehre von Montesquieu und den epochalen Differenzierung in der Kriegslehre von Clausewitz gilt der Grundsatz des Primats der Politik vor allen Strategieentwicklungen und bei allen Entscheidungen zum oder gegen den Einsatz von Streitkräften. Das Nachfragemonopol liegt also bei der Politik. Das Angebotsmonopol allerdings liegt wie bei allen Fragen, bei denen die Politik auf Administrationen angewiesen ist, bei den militärischen Fachleuten. Und zur ethischen Verantwortung *in der militärfachlichen Politikberatung* gehört die Reflexion der politischen Implikationen und der politischen Folgenabschätzung militärischer Szenarien dazu.

Zählt man nur die Themen auf, die in den letzten Jahren im Kontext militärethischer Fragen öffentlich intensiver diskutiert wurden, und versucht sie systematisch zu ordnen, dann entsteht etwa folgender Thesaurus:

1. Ethik, Philosophie, Theologie
1.1. Ethik
1.1.1. Politische Ideengeschichte
1.1.2. Innere Führung
1.1.3. Pazifismus
1.1.4. Whistleblowing
1.1.5. ……
1.2. Philosophie

1.2.1. Quellen
1.2.2. Klassische Texte
1.2.3. ……
1.3. Theologie
1.3.1. Quellen
1.3.2. Klassische Texte
1.3.3. ……
2. Militär und Natur- und Ingenieurswissenschaften
2.1. Naturwissenschaftliche Grundlagen moderner Waffentechnologien
2.2. Militär und Ingenieurwissenschaften
2.3. Rüstungstechnologie und Technikfolgenabschätzung
2.3.1. Autonome Waffensysteme
2.3.2. Cyberwarfare
2.3.3. Einsatz von Drogen
2.3.4. ……
3. Militär und Geistes-, Human- und Sozialwissenschaften
3.1. Gesellschaft und Militär
3.1.1. Europäische Expansion
3.1.2. Blockkonfrontation
3.1.3. Kampf der Kulturen
3.1.4. ……
3.2. Friedens-, Verteidigungs- und Sicherheitspolitik
3.2.1. Politik und Strategie
3.2.2. Abschreckung
3.2.3. Gemeinsame Sicherheit
3.2.4. Wehrverfassung
3.2.5. ……..

3.3. Militär- und Völkerrechtsgeschichte
3.3.1. Geschichte des Krieges
3.3.2. Geschichte der Waffentechnik
3.3.3. Geschichte des Völkerrechts
3.3.4. …
3.4. Militärsoziologie
3.4.1. Soziologie bewaffneter Gruppen
3.4.2. Soldatenbild
3.4.3. Gender
3.4.4. ……
3.5. Militärökonomie
3.5.1. Söldnerfirmen
3.5.2. Kriegsökonomie
3.5.3. Militär und Umweltschutz
3.5.4. ……..
3.6. Wehrrecht
3.6.1. Befehl und Gehorsam
3.6.2. Wehrdisziplinarrecht
3.6.3. Recht bewaffneter Konflikte
3.6.4. ……..
3.7. Militär und Bildung
3.7.1. Erziehung und Bildung
3.7.2. Aus-, Fort und Weiterbildung
3.7.3. …..
3.8. Militär und Medien
3.8.1. Kriegsberichterstattung
3.8.2. ……

4. Militärischer Schutz

4.1. Militärische Operationen im Internationalen bewaffneten Konflikt
4.2. Militärische Operationen im nicht-internationalen bewaffneten Konflikt
4.2.1. Asymmetrischer Krieg
4.2.2. Humanitäre Intervention
4.2.3. ……
4.3. Militärische Operationen im internen bewaffneten Konflikt
4.3.1. Aufstandsbewältigung
4.3.2. Drogenkriege
4.4. Beteiligung an Operationen außerhalb bewaffneter Konflikte
4.4.1. Katastrophenschutz
4.4.2. Riot Control
4.4.3. Terrorbekämpfung
4.4.4. …..
4.5. Spezifische Operationen
4.5.1. Sanitätsdienst
4.5.1.1. Verwundung und Tod
4.5.1.2. Massenanfall von Verwundeten und Toten
4.5.1.3. Schutzzeichen
4.5.1.4. Traumafolgestörungen
4.5.1.5. ……
4.5.2. Informationsarbeit
4.5.3. Informationsoperationen
4.5.4. Spezialoperationen
4.5.5. Ingewahrsamnahme, Interrogation, Folter
4.5.6. Kindersoldaten
4.5.7. Kollateralopferminimierung

4.5.8. …….
5. Soldatische Gemeinschaft und Privatleben
5.1. Fürsorge und Kameradschaft
5.2. Vereinbarkeit von Familie und Beruf
5.3. Gelebter Glaube
5.4. Trauer
5.5. Hedonismus und Askese
5.6. Sexualität
5.7. Sucht
5.8. Schuld und Vergebung
5.9. ……
6. Allgemeine Begriffe
7. Geographische Namen
8. Personennamen

Wer kann und soll sich diesen Themen widmen? Die Entwicklung einer militärischen Ethik ist zu allererst eine *Sache von Offizieren und Unteroffizieren*. Sie kennen ihr Fach und ihr Handwerk. In modernen Streitkräften haben sie in der Regel akademische Studiengänge oder Fachausbildungen absolviert. Sie sind in der militärischen Praxis sowohl im Friedensbetrieb wie im Einsatz erfahren und kennen die Expertise aller Angehörigen der Streitkräfte. Der Soldatenberuf stellt also in sich eine enorme Vielfalt dar. Selbst bei der Bewältigung militärfachlicher Aufgaben im engeren Sinne müssen die Verantwortlichen sich bereits multiprofessionell orientieren. Konzeptionäre, Einsatz- und Rüstungsplaner, Ausbilder, Personalführer, Ingenieure, Operateure, Logistiker, Techniker, Waffenbediener usw. – alle sind aufeinander angewiesen. Und jede Funktionsgruppe stößt auf ethische Fragestellungen eigener Art, die parallel zur Klärung aller sonstigen fachlichen Fragen immer mit zu bedenken sind. Wie in jeder angewandten Ethik lehrt auch diese Einsicht, die u.a. auch moralischen Erwartungen an den militärischen Betrieb auf einem realistischen Niveau zu halten. Da es jedoch bei militärischem Handeln im Extrem um höchst existentielle Entscheidungen geht, sollten das Augenmerk und die Mühe um hohe moralische Standards selbstverständlich sein.

Militär*ethische* Fragen sind eingebettet in komplexe militär*fachliche* Fragen. In beides fließt die Expertise eine großen Zahl von Wissenschaften ein: Natur- und Ingenieurswissenschaften, Ökonomie, Pädagogik, Politikwissenschaft, Völkerrecht, Philosophie, Theologie etc. Noch aber nehmen die auf militärisches Handeln bezogenen Wissenschaften die Diskurse in den Nachbarwissenschaften, wenn überhaupt, dann nur marginal zur Kenntnis. Es bedarf einer großen Anstrengung, dies zu ändern. Ohne diese Anstrengung werden die – eher innenpolitisch motivierten – politischen Parteien und die – eher wirtschaftlich motivierten – militärisch-industriellen Komplexe weiterhin ungehindert die militärische Praxis bestimmen und auf neue Herausforderungen notorisch mit alten Lösungen reagieren. Für neue Lösungsansätze stehen chronisch zu wenig Konzepte und Mittel bereit. Die Freiheit von Wissenschaft und Forschung ist in anderen gesellschaftlichen Bereichen ein Garant für Pluralität, Kontroverse und vor allem Innovation. Dies sollte auch für alle militärfachlichen Fragen gelten. Dazu aber müsste der Offizier sich neben seiner direkten fachlichen Zuständigkeit immer auch für den wissenschaftspraktischen Fortschritt in seinem Fach und für das interdisziplinäre Gespräch über den Tellerrand seines Faches hinaus zuständig fühlen. Wo aber sind überhaupt die wissenschaftlichen Organe für solche Prozesse? Dort wäre dann auch der Ort berufsethischer Fragestellungen.

Literatur

AlDailami, Said / Bohrmann, Thomas / Neth, Raphael (2014): Ethische Konzeptionen des Soldatenberufs im internationalen Vergleich, in: *Bohrmann, Thomas / Lather, Karl-Heinz / Lohmann, Friedrich* (2014, Hrsg.), 379-408.

Alexy, Robert (1992): Begriff und Geltung des Rechts, Freiburg und München.

Alexy, Robert (1995): Recht, Vernunft, Diskurs, Frankfurt a.M.

Alexy, Robert et al. (2003): Elemente einer juristischen Begründungslehre, Baden-Baden.

Allhoff, Fritz (2008, Ed.): Physicians at War. The Dual-Loyalties Challenge, Luxemburg.

Ames, Mark (2006): Going Postal. Rage, Murder and Rebellion in America, New York NY / London UK.

Anderson, David L. (1998, Hrsg.): Facing My Lai, Lawrence.

Anselm, Reiner (2006): Von der theologischen Legitimation des Staates zur kritischen Solidarität mit der Sphäre des Politischen, in: *Unger, Tim* (2006, Hrsg.), 82-102.

Auswärtiges Amt, Bundesministerium für Verteidigung, Deutsches Rotes Kreuz (2012²): „Dokumente zum humanitären Völkerrecht / Documents on International Humanitarian Law", Sankt Augustin

Bachelet, Jean-René (2006), Pour une éthique du métier des armes. Vaincre la violence, Paris F.

Bahr, Egon (1982): Gemeinsame Sicherheit: Gedanken zur Entschärfung der nuklearen Konfrontation in Europa. Nachdruck im Auftrag der Gruppe der SPD-Abgeordneten der Sozialistischen Fraktion im Europa-Parlament, Bonn, 421-430.

Bakonyi, Jutta et al. (2006): Gewaltordnungen bewaffneter Gruppen, Baden-Baden.

Bald, Detlef (2005): Die Bundeswehr. Eine kritische Geschichte 1955-2005, München.

Bargmann, Jens (2004): Ethik in der Offiziersausbildung, Münster.

Baumann, Dieter (2007): Militärethik. Theologische, menschenrechtliche und militärwissenschaftliche Perspektiven. Stuttgart.

Bayer, Stefan / Gillner, Matthias (2011, Hrsg.): Soldaten im Einsatz. Sozialwissenschaftliche und ethische Reflexionen, Berlin.

Beam, Thomas E. / Sparacino, Linette R. (2003, eds.), Military Medical Ethics, Washington DC.

Becker, Johannes M. / Brücher, Gertrud (2008, Hrsg.): Der Jugoslawienkrieg. Eine Zwischenbilanz. Analysen über eine Republik im raschen Wandel, Berlin/Münster.

Beckmann, Ulrike (2006[2]): Verwundung und Tod – Ursachen und Folgen traumatischer Erfahrungen, in: *Gareis, Sven B./ Klein, Paul* (2006[2], Hrsg.), 334-343.

Beestermöller, Gerhard / Haspel, Michael / Trittmann, Uwe (2006, Hrsg.): "What we're fighting for...". Friedensethik in der transatlantischen Debatte, Stuttgart.

Bender, Christiane (2014): Geschlechterdifferenz und Partnerschaft in der Bundeswehr, in: *Bohrmann, Thomas / Lather, Karl-Heinz / Lohmann, Friedrich* (2014, Hrsg.), 357-378.

Bergmann, Robert (2006[2]): Multinationale Einsatzführung in Peace Support Operations, in: *Gareis, Sven B./ Klein, Paul* (2006[2], Hrsg.), 374-379.

Berkel, Karl (2011[11]): Konflikttraining. Konflikte verstehen, analysieren, bewältigen, Wiesbaden.

Berns, Andreas / Wöhrle-Chon, Roland (2006[2]): Interkulturelles Konfliktmanagement, in: *Gareis, Sven B./ Klein, Paul* (2006[2], Hrsg.), 350-358.

Biehl, Heiko (2012): Einsatzmotivation und Kampfmoral, in: *Leonhard, Nina / Werkner, Ines- Jacqueline* (2012², Hrsg.): 447-474.

Bielefeld, Ulrich / Bude, Heinz / Greiner, Bernd (2012): Gesellschaft – Gewalt – Vertrauen. Jan Philipp Reemstma zum 60. Geburtstag, Hamburg.

Bieri, Peter (2014): Eine Art zu leben. Über die Vielfalt menschlicher Würde, München.

Bierling, Stephan (2010): Geschichte des Irakkriegs. Der Sturz Saddams und Amerikas Albtraum im Mittleren Osten, München.

Biggar, Nigel (2013): In Defence of War, Oxford UK.

Bleisch, Barbara/ Strub, Jean-Daniel (2006, Hrsg.): Pazifismus. Ideengeschichte, Theorie und Praxis, Bern.

Blum, Sonja / Schubert, Klaus (2009): Politikfeldanalyse, Wiesbaden.

Bluth, Christoph (1987): The British Resort to Force in the Falklands/Malvinas Conflict 1982: International Law and Just War Theory, in: Journal of Peace Research 24/1987/1, 5-20.

Böcker, Martin/Kempf, Larsen/Springer, Felix (2013, Hrsg.): Soldatentum. Auf der Suche nach Identität und Berufung der Bundeswehr heute, München.

Bohnert, Marcel (2013): Armee in zwei Welten, in: *Böcker, Martin/Kempf, Larsen/Springer, Felix* (2013, Hrsg.), 75-89.

Bohnsack, Ralf (2014): Rekonstruktive Sozialforschung: Einführung in qualitative Methoden, Opladen/Toronto.

Bohrmann, Thomas / Lather, Karl-Heinz / Lohmann, Friedrich (2013, Hrsg.): Handbuch Militärische Berufsethik (Band 1: Grundlagen), Heidelberg.

Bohrmann, Thomas / Lather, Karl-Heinz / Lohmann, Friedrich (2014, Hrsg.): Handbuch Militärische Berufsethik (Band 2: Anwendungsfelder), Heidelberg.

Braun, Johann (2001): Rechtsphilosophie im 20. Jahrhundert. Die Rückkehr der Gerechtigkeit, München.

Braun, Stefan (2015): Berliner Antworten auf Moskauer Mythen, in: Süddeutsche.de; http://sz.de/1.2359585; zuletzt besucht am 21.02.2015.

Bredow, Wilfried von (2006²): Kämpfer und Sozialarbeiter – Soldatische Selbstbilder im Spannungsfeld herkömmlicher und neuer Einsatzmissionen, in: *Gareis, Sven B./ Klein, Paul* (2006², Hrsg.), 314-321.

Brinkmann, Sascha / Hoppe, Joachim / Schröder, Wolfgang (2013, Hrsg.): Feindkontakt. Gefechtsberichte aus Afghanistan, Hamburg/Berlin/Bonn.

Brock, Lothar (1999): Weltbürger und Vigilanten. Lehren aus dem Kosovo-Krieg, Frankfurt a.M.

Brugger, Winfried / Neumann, Ulfried / Kirste, Stephan (2008, Hrsg.): Rechtsphilosophie im 21. Jahrhundert, Frankfurt am Main.

Bründel, Heidrun (2011): Amok und Suizid - eine unheilvolle Allianz, Frankfurt/M.

Brunkhorst, Hauke (2012): Legitimationskrisen. Verfassungsprobleme der Weltgesellschaft, Baden-Baden.

Brzoska, Michael (2007): Erfolge und Grenzen von Friedensmissionen, in: Aus Politik und Zeitgeschichte (16-17), 2007, S. 32–38.

Buckel, Sonja / Christensen, Ralph / Fischer-Lescano, Andreas (2009²): Neue Theorien des Rechts, Stuttgart.

Budde, Annika (2014): Entscheiden und Handeln unter extremen Bedingungen, in: *Bohrmann, Thomas / Lather, Karl-Heinz / Lohmann, Friedrich* (2014, Hrsg.), 229-242.

Bundesminister der Verteidigung, Führungsstab der Streitkräfte (1971): Der Offizier der Bundeswehr (I), Herkunft - Bildung - Interessen. Grunddaten des Offizierkorps in historischer und soziologischer Sicht, Bonn.

Bundesministerium der Verteidigung (2008, Hrsg.): Zentrale Dienstvorschrift A-2600/1 Innere Führung – Selbstverständnis und Führungskultur, Berlin.

Bundesministerium der Verteidigung, Führungsstab des Heeres (2007, Hrsg.): Truppenführung von Landstreitkräften (TF). Heeresdienstvorschrift 100/100, Berlin.

Bundesministerium der Verteidigung, Führungsstab des Heeres (2010, Hrsg.): Führungssystem der Landstreitkräfte (TF/FüSys). Heeresdienstvorschrift 100/200, Berlin.

Bundesverfassungsgericht (2012): Plenarentscheidung des Bundesverfassungsgerichts zum Einsatz der Streitkräfte im Inneren „Luftsicherheitsgesetz"; Pressemitteilung Nr. 63/2012 vom 17. August 2012; Beschluss vom 3. Juli 2012, Karlsruhe.

Burke, Anthony (2004), Just War or Ethical Peace? Moral Discourses of Strategic Violence after 9/11, in: International Affairs, 80/2004/2, 329-353.

Çağlar, Gazi (2002): Der Mythos vom Krieg der Zivilisationen: der Westen gegen den Rest der Welt; Eine Replik auf Samuel P. Huntingtons „Kampf der Kulturen", Münster.

Cario, Jérôme (2002): Le droit des conflits armés. Panazol F.

Cario, Jérôme (2011): Droit et guerre, d'hier à aujourd'hui. Panazol F.

Carstens, Nikolaus (2014): Führen und Entscheiden als Verbandsführer im Kampfeinsatz, in: *Bohrmann, Thomas / Lather, Karl-Heinz / Lohmann*, (2014, Hrsg.), 215-231.

Chan, David K. (2012): Beyond Just War. A Virtue Ethics Approach, Basingstoke/New York.

Christians, Heiko (2008): Amok. Geschichte einer Ausbreitung, Bielefeld.

Clair, Johannes (2012): Vier Tage im November - Mein Kampfeinsatz in Afghanistan, Berlin.

Clausewitz, Carl v. (1972[18]): Vom Kriege, Bonn.

Coates, Anthony J. (1997): The Ethics of War, Manchester UK.

Cornish, Paul / Edwards, Geoffrey (2005): The strategic culture of the European Union: a progress report, in: International Affairs 81/2005/4, 801-820.

Creveld, Martin van (2008): The Culture of War, New York NY; deutsch (2011): Kriegs-Kultur. Warum wir kämpfen: Die tiefen Wurzeln bewaffneter Konflikte, Wien.

Czempiel, Ernst-Otto (1998[2]): Friedensstrategien. Eine systematische Darstellung außenpolitischer Theorien von Macciavelli bis Madariaga, Opladen.

Dallaire, Roméo (2005): Handschlag mit dem Teufel. Die Mitschuld der Weltgemeinschaft am Völkermord in Ruanda. Frankfurt a.M.

Derlien, Hans-Ulrich / Böhme, Doris / Heindl, Markus (2011): Bürokratietheorie. Einführung in eine Theorie der Verwaltung, Wiesbaden.

Deutscher Bundestag (2011): Beschlussempfehlung und Bericht des Untersuchungsausschusses zur Kundus-Affäre, Drucksache 17/7400 vom 25.10.2011, Berlin.

Deutscher Bundestag (2015): Unterrichtung durch den Wehrbeauftragten. Jahresbericht 2014 (Deutscher Bundestag Drucksache 18/3750 vom 27.01.2015), Berlin.

Die deutschen Bischöfe (2000[2], Hrsg.): Gerechter Friede, Bonn.

Die deutschen Bischöfe (2011): Terrorismus als ethische Herausforderung. Menschenwürde und Menschenrechte, Bonn.

Dörfler-Dierken, Angelika / Kümmel, Gerhard (2010, Hrsg.): Identität, Selbstverständnis, Berufsbild. Implikationen der neuen Einsatzrealität für die Bundeswehr, Wiesbaden.

Dreist, Peter (2008): Dürfen Sanitätssoldaten Dienst an der Waffe leisten?, Zugleich eine Besprechung der Entscheidungen des Truppendienstgerichts Süd, S 10 Blc 4/05 vom 30. August 2005 und S 10 Bla 1/06 vom 10. Mai 2006 sowie der verbundenen Entscheidungen des Bundesverwaltungsgerichts, 1 WB 58.06, 64.06 vom 27. November 2007, Unterrichtsblätter für die Bundeswehrverwaltung 47/2008, Teil I: S. 382 – 393; Teil II: S. 408 – 421.

Dülffer, Jost (1981): Regeln gegen den Krieg. Die Haager Friedenskonferenzen 1899 und 1907 in der internationalen Politik, Frankfurt M.

Dülffer, Jost (2003): Im Zeichen der Gewalt. Frieden und Krieg im 19. und 20. Jahrhundert, Köln.

Dülffer, Jost et al. (1997): Vermiedene Kriege. Die Eskalation von Konflikten der Großmächte zwischen Krimkrieg und Erstem Weltkrieg, München.

Ebeling, Klaus (2006): Militär und Ethik: moral- und militärkritische Reflexionen zum Selbstverständnis der Bundeswehr, Stuttgart.

Ebeling, Klaus / Gillner, Matthias (2014): Ethik-Kompass, Freiburg/Basel/Wien.

Eisenberg, Götz (2010): Damit mich kein Mensch mehr vergisst: Warum Amok und Gewalt kein Zufall sind, München.

Elßner, Thomas (2011): Praxisorientierte Ethikausbildung in den deutschen Streitkräften, in: *Beck, Hans-Christian / Singer, Christian* (2011, Hrsg.): Entscheiden – Führen – Verantworten. Soldatsein im 21. Jahrhundert, Berlin, 84–94.

Euskirchen, Markus (2005): Militärrituale. Analyse und Kritik eines Herrschaftsinstruments, Köln.

Evangelisches Kirchenamt für die Bundeswehr (1990, Hrsg.): Streitkräfte im Wandel, Hannover.

Evangelisches Kirchenamt für die Bundeswehr (2000): De officio. Zu den ethischen Grundlagen des Offizierberufs, Leipzig.

Evangelisches Kirchenamt für die Bundeswehr (2009): Friedensethik im Einsatz. Ein Handbuch der Evangelischen Seelsorge in der Bundeswehr, Gütersloh.

Feller, Michael/ Stade, Claudia A. (2006²): Physische und psychische Belastungen im Einsatz, in: *Gareis, Sven B./ Klein, Paul* (2006², Hrsg.), 322-333.

Fiala, Andrew (2008): The Just War Myth. The Moral Illusions of War, Lanham UK.

Fischer, Gottfried / Riedesser, Peter (2009⁴): Lehrbuch der Psychotraumatologie, München/Basel.

Fischer-Lescano, Andreas / Liste, Philip (2005): Völkerrechtspolitik. Zu Trennung und Verknüpfung von Politik und Recht der Weltgesellschaft, in: Zeitschrift für Internationale Beziehungen 12/2005/2, 209-249.

Fisher, David (2011): Morality and War: Can War Be Just in the Twenty-First Century?, Oxford GB.

Fotion, Nicholas (2007): War and Ethics. A New Just War Doctrine, London UK /New York NY.

Freudenberg, Dirk (2014): Auftragstaktik und Innere Führung. Feststellungen und Anmerkungen zur Frage nach Bedeutung und Verhältnis des inneren Gefüges und der Auftragstaktik unter den Bedingungen des Einsatzes der Deutschen Bundeswehr, Berlin.

Freuding, Christian (2007): Streitkräfte als Instrument deutscher Außen- und Sicherheitspolitik seit Mitte der neunziger Jahre, Studien zur Internationalen Politik 2007/2, Hamburg.

Freuding, Christian (2011): Wie Goliath gewinnen kann. Westliche Demokratien und ihr Einsatz in Kleinen Kriegen, in: Internationale Politik 2011/6, 18-25.

Fritze, Lothar (2004): Die Tötung Unschuldiger. Ein Dogma auf dem Prüfstand, Berlin.

Gareis, Sven Bernhard / Klein, Paul (2006², Hrsg.): Handbuch Militär und Sozialwissenschaft, Wiesbaden.

Gebhardt, Anna (2014): Menschenrechtsschutz oder Humanitäres Völkerrecht?, in: *Gillner, Matthias / Stümke, Volker* (2014, Hrsg.): 57-69.

Geismann, Georg (1974): Ethik und Herrschaftsordnung. Ein Beitrag zum Problem der Legitimation, Tübingen.

Gellner, Winand / Hammer, Eva-Maria (2010): Policyforschung, München.

Gillner, Matthias (2011): Moralische Verantwortung statt politische Geschmeidigkeit! Kritische Reflexionen zur Berufsethik der Offiziere im General- und Admiralstabsdienst, in: *Bayer, Stefan / Gillner, Matthias* (2011, Hrsg.), 221-236.

Gillner, Matthias / Stümke, Volker (2014, Hrsg.): Kollateralopfer, Baden-Baden.

Giordano, Ralph (2000): Die Traditionslüge. Vom Kriegerkult in der Bundeswehr, Köln.

Glasl, Friedrich (2011[10]): Konfliktmanagement. Ein Handbuch für Führungskräfte, Beraterinnen und Berater, Bern/Stuttgart.

Grandin, Greg / Joseph, Gilbert M. (2010, Hrsg.): A Century of Revolution. Insurgent and Counterinsurgent Violence During Latin America's Long Cold War, Durham NC.

Greenberg, Neil (2008): Studying the psychological effects of conflict zones., in: Journal of Interna-tional Peace Operations 3/2008/4, 16-17. *Grossman, Dave* (2009): On Killing, New York/Boston/London.

Greiner, Bernd (2007): Krieg ohne Fronten, Die USA in Vietnam, Hamburg.

Grewe, Wilhelm G. (1988²): Epochen der Völkerrechtsgeschichte, Baden-Baden.

Groos, Heike (2010): Das ist auch euer Krieg! Deutsche Soldaten berichten von ihren Einsätzen, Frankfurt am Main.

Groos, Heike (2011): Ein schöner Tag zum Sterben. Als Bundeswehrärztin in Afghanistan, Frank-furt am Main.

Groos, Heike (2014): Militärdienst und die Stabilität sozialer Beziehungen, in: *Bohrmann, Thomas / Lather, Karl-Heinz / Lohmann, Friedrich* (2014, Hrsg.), 335-356.

Gross, Michael L. / Carrick, Don (2013, eds.), Military Medical Ethics for the 21st Century, Burlington VT.

Gross, Micheal L. (2006), Bioethics and Armed Conflict – Moral Dilemmas of Medicine and War, Cambridge Mass., London.

Grotkamp, Nadine (2009): Völkerrecht im Prinzipat. Möglichkeit und Verbreitung, Baden-Baden.

Gruber, Stefan (2008): Die Lehre vom gerechten Krieg. Eine Einführung am Beispiel der NATO-Intervention im Kosovo, Marburg.

Hagen, Ulrich vom (2012): Zivil-militärische Beziehungen, in: *Leonhard, Nina / Werkner, Ines-Jacqueline* (2012², Hrsg.), 88-116.

Hammerich, Helmut R. / Hartmann, Uwe / Rosen, Claus von (2010, Hrsg.): Jahrbuch Innere Führung 2010, Berlin.

Hankel, Gerd (2011): Das Tötungsverbot im Krieg. Ein Interventionsversuch, Hamburg.

Hankel, Gerd (2014): Das Humanitäre Völkerrecht im nicht-internationalen bewaffneten Konflikt. Probleme und Herausforderungen, in: *Gillner, Matthias / Stümke, Volker* (2014, Hrsg.): 71-93.

Hartmann, Uwe (2015, Hrsg.): Lernen von Afghanistan. Innovative Mittel und Wege für Auslandseinsätze, Berlin.

Hartmann, Uwe / Rosen, Claus von / Walther, Christian (2011, Hrsg.): Jahrbuch Innere Führung. Ethik als geistige Rüstung für Soldaten, Berlin.

Haspel, Michael (2002): Friedensethik und Humanitäre Intervention: Der Kosovo-Krieg als Herausforderung evangelischer Friedensethik, Neukirchen-Vluyn.

Haspel, Michael (2007): Die „Theorie des gerechten Friedens" als normative Theorie internationaler Beziehungen? Möglichkeiten und Grenzen, in: *Strub, Jean-Daniel / Grotefeld, Stefan* (2007, Hrsg.): Der gerechte Friede zwischen Pazifismus und gerechtem Krieg, Paradigmen der Friedensethik im Diskurs, Stuttgart, 209-225.

Haspel, Michael (2007, Hrsg): Justification of Force in the Trans-Atlantic Debate, in: Studies in Christian Ethics 20/2007/1, 102-117.

Haspel, Michael (2011): Sozialethik in der globalen Gesellschaft. Grundlagen und Orientierung in protestantischer Perspektive, Stuttgart.

Heger, Timo Christian / Tettweiler, Falk / Helmbold, David / Schubert, Hartwig von (2010): Analysieren mit Clausewitz – Politikberatung in bewaffneten Massenkonflikten, in: *Souchon, Lennart* (2010, Hrsg.): Internationales Clausewitz-Zentrum, Clausewitz-Information 2 / 2010, Konflikte und Strategien II, Hamburg, 67-91 (http://www.clausewitznetzwerk.de/fileadmin/1_PDF_V eroeffentlichungen/ICZ_Clausewitz_Info_2__2010.pdf).

Herdegen, Matthias (2013^{12}): Völkerrecht, München.

Hering, Norbert / Schubert, Hartwig v. (2012): Cyber Age. Mensch und Cybertechnologie in den Herausforderungen und Konflikten des 21. Jahrhunderts, Köln.

Heuser, Beatrice (2013): Rebellen, Partisanen, Guerilleros. Asymmetrische Kriege von der Antike bis heute, Paderborn.

Hidalgo, Oliver (2009): Der ›gerechte‹ Krieg als Deus ex machina – ein agnostizistisches Plädoyer, in: *Werkner, Ines-Jacqueline / Liedhegener, Antonius* (2009, Hrsg.), 83-107.

Hoerster, Norbert (2006): Was ist Recht?, München.

Höfele, Bernhard (2005): Militärmusik - Noten und Geschichte des Großen Zapfenstreichs, Norderstedt.

Höffe, Otfried (1985): Lebenskunst und Moral oder Macht Tugend glücklich?, München.

Höffe, Otfried (1985): Strategien der Humanität. Zur Ethik öffentlicher Entscheidungsprozesse, Frankfurt M.

Höffe, Otfried (2000, Hrsg.): Grundlegung zur Metaphysik der Sitten. Ein kooperativer Kommentar, Frankfurt M.

Höffe, Otfried (2011³, Hrsg.): Immanuel Kant, zum ewigen Frieden, Berlin.

Holler, Daniel (2011): Kindersoldaten im Visier. Herausforderungen der Bundeswehr in militärischen Konflikten mit bewaffneten Kindern, in: *Bayer, Stefan / Gillner, Matthias* (2011, Hrsg.), 271-298.

Holtz-Bacha, Christina/ Zeh, Reimar (2012): Alltag, Skandal, Krise. Wie Politik kommuniziert, Erfurt.

Holzem, Andreas (2009, Hrsg.): Krieg und Christentum. Religiöse Gewalttheorien in der Kriegserfahrung des Westens, Hamburg.

Huber, Wolfgang (2013): Ethik. Die Grundfragen unseres Lebens von der Geburt bis zum Tod. München.

Huber, Wolfgang / Reuter, Hans Richard (1990): Friedensethik, Stuttgart/Berlin/Köln.

Huntington, Samuel Phillips (1998):The Clash of Civilizations and the Remaking of World Order, New York NY; deutsch: (2002): Kampf der Kulturen. Die Neugestaltung der Weltpolitik im 21. Jahrhundert, München.

International Commission on Intervention and State Sovereignty (2001): The Responsibility to Protect. Report of the International Commission on Intervention and State Sovereignty, Ottawa.

International Committee of the Red Cross (2008): Interpretive Guidance on the Notion of Direct Participation in Hostilities under International Humanitarian Law, in: International Review of the Red Cross 90/2008/4, 991-1047.

Irlenkaeuser, Jan C. (2006²): CIMIC als militärische Herausforderung, in: *Gareis, Sven B./ Klein, Paul* (2006², Hrsg.), 303-313.

Jaeggi, Rahel (2014): Kritik von Lebensformen, Frankfurt M.

Janssen, Dieter / Quante, Michael (2003, Hrsg.): Gerechter Krieg. Ideengeschichtliche, rechtsphilosophische und ethische Beiträge, Paderborn.

Johnson, James Turner (1999): Morality and Contemporary Warfare, New Haven/London.

Jonas, Hans (1984): Das Prinzip Verantwortung. Versuch einer Ethik für die technologische Zivilisation, Frankfurt M.

Jung, Dietrich et al. (2003): Kriege in der Weltgesellschaft. Strukturgeschichtliche Erklärung kriegerischer Gewalt (1945–2002), Heidelberg.

Justenhoven, Heinz-Gerhard / Barbieri, William A. Jr. (2012, Hrsg.): From Just War to Modern Peace Ethics, Berlin/Boston.

Justenhoven, Heinz-Gerhard / Schumacher Rolf (2003, Hrsg.): „Gerechter Friede" – Weltgemeinschaft in der Verantwortung, Stuttgart.

Kahl, Martin (2012): Zehn Jahre „War on Terror": Präventivkriege und gezielte Tötungen, in: Hessische Stiftung Friedens- und Konfliktforschung et al. (2012, Hrsg.): Friedensgutachten 2012, Berlin, 73-84.

Kaiser, Thomas (2014): Der Integrierte Planungsprozess: Die Initiative – von der Idee bis zur Einplanung. Das Planungsamt der Bundeswehr – die Zukunft gestalten, in: Hardthöhen-Kurier 2014/1, 16-19.

Karst, Heinz (1964): Das Bild des Soldaten, Versuch eines Umrisses, Boppard.

Kaufmann, Arthur / Hassemer, Winfried / Neumann, Ulfrid (2010[8], Hrsg.): Einführung in Rechtsphilosophie und Rechtstheorie der Gegenwart, Heidelberg.

Keegan, John (1976): The Face of Battle. A Study of Agincourt, Waterloo, and the Somme, London UK; deutsch (1991): Das Antlitz des Krieges: Die Schlachten von Azincourt 1415, Waterloo 1815 und an der Somme 1916, Frankfurt.

Keegan, John (1993): A History of Warfare, London UK; deutsch (1997): Die Kultur des Krieges, Berlin.

Keller, Jörg (2011): „... und schließlich habe ich da noch meine Hände". Sexualität und Einsatz, in: *Bayer, Stefan / Gillner, Matthias* (2011, Hrsg.), 165-184.

Kempen, Bernhard / Hillgruber, Christian (2012[2]): Völkerrecht, München.

Kepel, Gilles / Milelli, Jean-Pierre (2006, Hrsg.): Al-Qaida. Texte des Terrors, München/Zürich.

Kilian, Björn / Tobergte, Christian / Wunder, Simon (2005, Hrsg.): Nach dem Dritten Golfkrieg. Sicherheitspolitische Analysen zu Verlauf und Folgen des Konflikts, Berlin.

Kirste, Stephan (2010): Einführung in die Rechtsphilosophie, Darmstadt.

Klein, Paul (2014): Soldatisches Agieren in multinationalen Verbänden, in: *Bohrmann, Thomas / Lather, Karl-Heinz / Lohmann, Friedrich* (2014, Hrsg.), 285-298.

Klocke, Adrian (2014): Untersuchungen in Libyen zu zivilen Opfern bei den NATO-Luftangriffen von 2011, in: *Gillner, Matthias / Stümke, Volker* (2014, Hrsg.), 51-54.

Kodalle, Klaus-M. (1981, Hrsg.): Tradition als Last, Köln.

Koehler, Jan (2010): Herausforderungen im Einsatzland: Das PRT-Kunduz als Beispiel zivil-militärischer Interventionen, in: *Dörfler-Dierken, Angelika / Kümmel, Gerhard* (2010, Hrsg.),77-100.

Kohl, Arno (2001*):* Dominotheorie und amerikanische Vietnampolitik 1954–1961. Eine Fallstudie zur Rolle von Leitbildern in der internationalen Politik, Freiburg.

Kommission „Gemeinsame Sicherheit und Zukunft der Bundeswehr" (2000): Gemeinsame Sicherheit und Zukunft der Bundeswehr. Bericht der Kommission an die Bundesregierung, Berlin.

Konle, Christian (2010): Makrokriminalität im Rahmen der jugoslawischen Sezessionskriege. Kriminologische Untersuchungen der von serbischer Seite in Bosnien-Herzegowina und Kroatien verübten Menschenrechtsverletzungen, München.

Korn, Helmut (1970[4]): Der Offizier der Bundeswehr, in: Blätter zur Berufskunde, hrsg. von der Bundesanstalt für Arbeit, im Einvernehmen mit dem Bundesministerium der Verteidigung, Bonn.

Koskenniemi, Martti (2001): The Gentle Civilizer of Nations – The Rise and Fall of International Law 1870–1960, Cambridge UK.

Kowalski, Jens / Siegel, Stefan / Zimmermann, Peter (2014): Medizin und Militäreinsatz, in: *Bohrmann, Thomas / Lather, Karl-Heinz / Lohmann, Friedrich* (2014, Hrsg.), 315-334.

KPMG-Unternehmensberatung, P3-Ingenieurgesellschaft, Kanzlei Taylor Wessing (2014): Umfassende Bestandsaufnahme und Risikoanalyse zentraler Rüstungsprojekte (Exzerpt vom 30.09.2014), Berlin.

Kraimer, Klaus (2000, Hrsg.): Die Fallrekonstruktion: Sinnverstehen in der sozialwissenschaftlichen Forschung, Frankfurt.

Kümmel, Gerhard (2010): Sex in the Army, in: *Apelt, Maja* (2010, Hrsg.), Forschungsthema: Militär. Militärische Organisationen im Spannungsfeld von Krieg, Gesellschaft und soldatischen Subjekten, Wiesbaden, 221-242.

Kupper, Gerhard (2006[2]): Führen im Einsatz, in: *Gareis, Sven B./ Klein, Paul* (2006[2], Hrsg.), 283-293.

Kutz, Martin (2006): Deutsche Soldaten. Eine Kultur- und Mentalitätsgeschichte, Darmstadt.

Leonhard, Nina / Werkner, Ines- Jacqueline (2012[2], Hrsg.): Militärsoziologie - Eine Einführung, Wiesbaden.

Leonhard, Robert R. (1998): The Principles of War for the Information Age, Novato. Locke, Raymond F. (2010): Navajo, New York.

Lorig, Wolfgang H. (2001): Modernisierung des öffentlichen Dienstes. Politik- und Verwaltungsmanagement in der bundesdeutschen Parteiendemokratie, Opladen.

Lounsbury, Dave E. / Bellamy, Ronald F. (2003, Hrsg.): Military Medical Ethics, Vol. 1, Textbooks of Military Medicine, Washington.

Lübbe, Weyma (2004, Hrsg.), Tödliche Entscheidung - Allokation von Leben und Tod in Zwangslagen, Paderborn.

Luhmann, Niklas (2007⁵): Politische Planung: Aufsätze zur Soziologie von Politik und Verwaltung, Wiesbaden.

Machura, Stefan (2005): Politik und Verwaltung, Wiesbaden.

Marauhn, Thilo (2005, Hrsg.): Recht, Politik und Rechtspolitik in den internationalen Beziehungen, Tübingen.

Margalit, Avishai (1996): The Decent Society, Cambridge MA; deutsch (2012): Politik der Würde. Über Achtung und Verachtung, Frankfurt M.

Masala, Carlo (2013): Soldat und Söldner. Demokratie und Schlagkraft, in: *Böcker, Martin/Kempf, Larsen/Springer, Felix* (2013, Hrsg.), 63-74.

Mayer, Peter (1999): War der Krieg der NATO gegen Jugoslawien moralisch gerechtfertigt?, in: Zeitschrift für Internationale Beziehungen 6/1999/2, 287-321.

Mayer, Peter (2005): Die Lehre vom gerechten Krieg – obsolet oder unverzichtbar?, in: *Jahn, Egbert / Fischer, Sabine / Sahm, Astrid* (2005, Hrsg.): Die Zukunft des Friedens, Bd. 2: Die Friedens- und Konfliktforschung aus der Perspektive der jüngeren Generationen, Wiesbaden, 381-405.

McMahan, Jeff / McKim, Robert (1993): The Just War and the Gulf War, in: Canadian Journal of Philosophy 23/1993/4, 501-541.

Meireis, Torsten / Huber, Wolfgang / Reuter, Hans-Richard (2015): Handbuch der Evangelischen Ethik, München.

Meireis, Torsten / Reuter, Hans-Richard (2007, Hrsg.): Das Gute und die Güter. Studien zur Güterethik, Berlin.

Melčić, Dunja (2007², Hrsg.): Der Jugoslawien-Krieg. Handbuch zu Vorgeschichte, Verlauf und Konsequenzen, Wiesbaden.

Menke, Christoph (2012²): Recht und Gewalt, Berlin.

Merkel, Reinhard (2000, Hrsg.): Der Kosovo-Krieg und das Völkerrecht, Frankfurt M.

Meyer, Georg (1993): Bemerkungen zur personellen Auswahl für die Streitkräfte und zum personellen Aufbau der Bundeswehr in: Anfänge westdeutscher Sicherheitspolitik 1945-1956, Band 3, München.

Micewski, Edwin R. (2003, Hrsg.): Civil-Military Aspects of Military Ethics, Bd. 1, Wien.

Münkler, Herfried (2004³), Über den Krieg. Stationen der Kriegsgeschichte im Spiegel ihrer theoretischen Reflexion, Weilerswist.

Münkler, Herfried (2006): Der Wandel des Krieges. Von der Symmetrie zur Asymmetrie, Weilerswist.

Nardin, Terry / Mapel, David R. (1992, Hrsg.), Traditions of International Ethics, Cambridge UK.

Naschold, Frieder / Bogumil, Jörg (2000): Modernisierung des Staates. New Public Management in deutscher und internationaler Perspektive, Opladen.

Naumann, Klaus (1994): Die Bundeswehr in einer Welt im Umbruch, Berlin.

Naumann, Klaus (2008): Einsatz ohne Ziel. Die Politikbedürftigkeit des Militärischen, Hamburg.

Naumann, Klaus (2013): Der blinde Spiegel. Deutschland im afghanischen Transformationskrieg, Hamburg.

Naveh, Shimon (1997), In Pursuit of Military Excellence. The Evolution of Operational Theory, London, New York.

Neimann, Susann (2008): Moral Clarity. A Guide for Grown-Up Idealists, Harcourt; deutsch (2008): Moralische Klarheit. Leitfaden für erwachsene Idealisten, Hamburg.

Nerlich, Uwe / Rendtorff, Trutz (1989, Hrsg.): Nukleare Abschreckung – Politische und ethische Interpretationen einer neuen Realität, Baden-Baden.

Nolan, Keith W. (1988): Into Laos, New York.

Nolde, Lutz (2011): Humanitarian Assistance – Herausforderung an den Sanitätsdienst, in: *Bayer, Stefan / Gillner, Matthias* (2011, Hrsg.), 147-164.

Nolte, Georg (1999): Kosovo und Konstitutionalisierung: Zur humanitären Intervention der NATO-Staaten, in: Zeitschrift für ausländisches und öffentliches Recht und Völkerrecht 59/1999/4, 941-960.

O'Driscoll, Cian (2008): The Renegotiation of the Just War Tradition and the Right to War in the Twenty-First Century, Basingstoke/New York.

Oeter, Stefan (2010): Collateral Damages – Military Necessity and the Right to Life, in: *Tomuschat, Christian et al.* (2010, eds.): The Right to Life, Leiden, Boston, 167-193.

Oetting, Dirk W. (1988): Motivation und Gefechtswert. Vom Verhalten des Soldaten im Kriege, Frankfurt M./Bonn.

Ohm, Dieter (2010): Soldatische Identität – normativ, in: *Dörfler-Dierken, Angelika / Kümmel, Gerhard* (2010, Hrsg.), 41-46.

Orend, Brian (2006): The Morality of War, Peterborough Ontario.

Osterhammel, Jürgen (2013): Die Verwandlung der Welt. Die Geschichte des 19. Jahrhunderts, München.

Özkan, Ibrahim / Sachsse, Ulrich / Streeck-Fischer, Annette (2012, Hrsg.): Zeit heilt nicht alle Wunden. Kompendium der Psychotraumatologie, Göttingen.

Pfordten, Dietmar von der (2011): Rechtsethik, München.

Popp, Peter A. (2012): Wurzeln des Selbstverständnisses. Werte – Tugenden – Ethos, in: *Birk, Eberhard / Heinemann, Winfried / Lange, Sven* (2012, Hrsg.), Tradition für die Bundeswehr – Neue Aspekte einer alten Debatte, Norderstedt, 89-104.

Pradetto, August (2006²): Neue Kriege, in: *Gareis, Sven B./ Klein, Paul* (2006², Hrsg.), 214-225.

Ramsey, Paul (1973): A Political Ethics Context for Strategic Thinking, in: *Kaplan, Morton A.* (1973, eds.): Strategic Thinking and its Moral Implications, Chicago Ill, 101-147.

Rat der Evangelischen Kirche in Deutschland (2007, Hrsg.): Aus Gottes Frieden leben – für gerechten Frieden sorgen. Eine Denkschrift des Rates der Evangelischen Kirche in Deutschland, Gütersloh.

Reuter, Hans-Richard (1996): Rechtsethik in theologischer Perspektive. Studien zur Grundlegung und Konkretion, Gütersloh.

Reuter, Hans-Richard (2013): Recht und Frieden. Beiträge zur politischen Ethik, Leipzig.

Reuter, Hans-Richard (2015): Kampfdrohnen als Mittel rechtswahrender militärischer Gewalt? Aspekte einer ethischen Bewertung, in: epd-Dokumentation Dezember 2014/49, Frankfurt M., 36-46.

Röttger, Ulrike / Gehrau, Volker / Preusse, Joachim (2013, Hrsg.): Strategische Kommunikation. Umrisse und Perspektiven eines Forschungsfeldes, Heidelberg.

Royal, Benoît (2014³): L'éthique du soldat français, Paris F.

Rudolf, Peter (2014): Zur Ethik militärischer Gewalt, SWP-Studien 2014/S 06, Berlin.

Rüthers, Bernd / Fischer, Christian / Birk, Axel (2011⁶): Rechtstheorie. Begriff, Geltung und Anwendung des Rechts, München.

Saalbach, Klaus-Peter (2009): Einführung in die politische Analyse, Osnabrück.

Sanitätsamt der Bundeswehr (2006): Leitfaden Grundsätze für Führung und Einsatz des Sanitätsdienstes der Bundeswehr (FüEinsGrds SanDstBw), München.

Sass, Hans-Martin (2006), Medizinische Ethik bei Notstand, Krieg und Terror. Verantwortungskulturen bei Triage, Endemie und Terror (Medizinethische Materialien 165), Bochum

Schedler, Kuno / Kettinger, Daniel (2003, Hrsg.): Modernisierung mit der Politik, St. Gallen.

Scheliha, Arnulf von (2013): Protestantische Ethik des Politischen, Tübingen.

Scheven, Werner von (1969): Die Truppenführung – Zur Geschichte ihrer Vorschrift und zur Entwicklung ihrer Struktur von 1933 bis 1962 (Jahresarbeit an der Führungsakademie der Bundeswehr Hamburg), Hamburg.

Schlichte, Klaus (2012): Der Streit der Legitimitäten. Der Konflikt als Grund einer historischen Soziologie des Politischen, in: Zeitschrift für Friedens- und Konfliktforschung 1/2012/1, 9-43.

Schlotter, Peter / Wisotzki, Simone (2011, Hrsg.): Friedens- und Konfliktforschung, Baden-Baden.

Schluchter, Wolfgang (2000), Handlungs-und Strukturtheorie nach Max Weber, in: Berliner Journal für Soziologie 10/2000/1, 125-136.

Schmücker, Reinold (2000): Gibt es einen gerechten Krieg?, in: Deutsche Zeitschrift für Philosophie 48/2000/2, 319-340.

Schneier, Bruce (2001): Secrets & Lies, Heidelberg.

Schubert, Hartwig von (2009): Die Vision des Gerechten Friedens in Europa und der Welt, in: Zeitschrift für Evangelische Ethik 53/2009/3, 191-197.

Schubert, Hartwig von (2011): Afghanistan und die Tugend strategischer Geduld, in: *Bayer, Stefan / Gillner, Matthias* (2011, Hrsg.) Soldaten im Einsatz. Sozialwissenschaftliche und ethische Reflexionen, Berlin, 43-64.

Schubert, Hartwig von (2011): Global Zero. Eine Weltnuklearordnung als Aufgabe politischer Ethik, in: *Stümke, Volker / Gillner, Matthias* (2011, Hrsg.), 247-258.

Schubert, Hartwig von (2012): Cyber Age. Mensch und Cybertechnologie in den Herausforderungen und Konflikten des 21. Jahrhunderts (Monographie in Zusammenarbeit mit Norbert Hering), Köln.

Schubert, Hartwig von (2012): Extreme Entscheidungen. Essay, in: Themenheft Sanitätsdienst im Wandel. Militärmedizin und Innere Führung; if Zeitschrift für Innere Führung 54/2010/2-3, 50-51.

Schubert, Hartwig von (2013): Die Ethik rechtserhaltender Gewalt, Opladen.

Schubert, Hartwig von (2014): Kampfdrohnen für die Bundeswehr? – Zur Einhegung des Cyber-Krieges, in: epd-Dokumentation Dezember 2014/49, Frankfurt M., 47-59.

Schubert, Hartwig von (2014): Wie werden Soldaten im Umgang mit Schuld und Ohnmacht begleitet? in: *Gillner, Matthias / Stümke, Volker* (2014, Hrsg.): 157-172.

Schubert, Hartwig von (2015): Frieden durch Recht. Die Ethik rechtserhaltender Gewalt und das Völkerrecht, in: *Franke, Jürgen / Leonhard, Nina* (2015, Hrsg.): Militär und Gewalt: Sozialwissenschaftliche und ethische Perspektiven, Berlin.

Schubert, Hartwig von (2015): Volkskirchen als Bürgerkirchen. Die Genesung der religiösen Kultur Europas am Beispiel des deutschen Protestantismus, Saarbrücken.

Schubert, Hartwig von / Weber, Ulrich (2009): Ethik im Sanitätsdienst von Streitkräften, in: Wehrmedizinische Monatsschrift 53/2009/9, Medizinethische Fragestellungen das Sanitätsdienstes im Einsatz, 281-283.

Schubert, Klaus / Bandelow, Nils C. (2008^2, Hrsg.): Lehrbuch der Politikfeldanalyse, München.

Schwarz, Gerhard (2009⁸): Konfliktmanagement. Konflikte erkennen, analysieren, lösen, Wiesbaden.

Seelmann, Kurt (2010⁵): Rechtsphilosophie, München.

Sémelin, Jacques (2007): Säubern und Vernichten. Die politische Dimension von Massakern und Völkermorden („Purifier et détruire"), Hamburg.

Sen, Amartya (2010): Die Identitätsfalle. Warum es keinen Krieg der Kulturen gibt, München.

Siegel, Stefan / Ungerer, Jörn / Zimmermann, Peter (2011): Wenn Werte wanken. Ethische Verwundungen von Soldaten nach Auslandseinsätzen, in: *Hartmann, Uwe / Rosen, Claus von / Walther, Christian* (2011, Hrsg.), 211-221.

Simoneit, Max (1936): Wehr-Ethik - Ein Abriß ihrer Probleme und Grundsätze, Berlin.

Slater, Jerome (2012): Just War Moral Philosophy and the 2008–09 Israeli Campaign in Gaza, in: International Security, 37/2012/2, 44-80.

Souchon, Lennart (2012): Carl von Clausewitz. Strategie im 21. Jahrhundert, 6. Auflage, Hamburg/Berlin/Bonn.

Spies, Sylvia C. (2007): Die Bedeutung von „Rules of Engagement" in multinationalen Operationen: Vom Rechtskonsens der truppenstellenden Staaten zu den nationalen Dienstanweisungen für den Einsatz militärischer Gewalt, in: *Weingärtner, Dieter* (2010, Hrsg.), 115-126.

Starck, Christian (2008, Hrsg.): Kann es heute noch »gerechte Kriege« geben?, Göttingen.

Steinfath, Holmer (2001): Orientierung am Guten. Praktisches Überlegen und die Konstitution von Personen, Frankfurt M.

Steinweg, Reiner (1995): Der gerechte Krieg. Christentum, Islam, Marxismus, Frankfurt a.M.

Steuten, Ulrich (1999): Der große Zapfenstreich / Eine soziologische Analyse eines umstrittenen Rituals. Duisburger Beiträge zur soziologischen Forschung No. 2/1999, Duisburg.

Strub, Jean-Daniel / Grotefeld, Stefan (2007, Hrsg.): Der gerechte Friede zwischen Pazifismus und gerechtem Krieg, Paradigmen der Friedensethik im Diskurs, Stuttgart.

Strukturkommission der Bundeswehr (2010): Vom Einsatz her denken. Konzentration, Flexibilität, Effizienz, Berlin.

Stüer, Jörg (2011): Die Tötung Unschuldiger in Extremsituationen. Gedanken eines Offiziers zum Konflikt zwischen geltendem Recht und dem eigenen moralischen Urteil im Kontext der Luftsicherheit, in: *Bayer, Stefan / Gillner, Matthias* (2011, Hrsg.), 321-340.

Stümke, Volker (2005): „lass fahren dahin". Der Schutz der Schwachen als Aporie der politischen Ethik Martin Luthers; in: *Leiner, Martin et al.* ()2005, Hrsg.): Gott mehr gehorchen als den Menschen – Christliche Wurzeln, Zeitgeschichte und Gegenwart des Widerstands, Göttingen, 67-83.

Stümke, Volker (2006): Die Welt aus der Vogelperspektive. Zur Tragfähigkeit lutherisch-ethischer Prinzipien im Blick auf eine aktuelle Friedensethik; in: *Unger, Tim* (2006, Hrsg.), 130-184.

Stümke, Volker (2007): Das Friedensverständnis Martin Luthers. Grundlagen und Anwendungsbereiche seiner politischen Ethik, Stuttgart.

Stümke, Volker (2009): Auslandseinsätze und die Sorge für gerechten Frieden. Ein Blick in die aktuelle Friedensdenkschrift der Evangelischen Kirche in Deutschland; in: *Jaberg, Sabine et al.* (2009, Hrsg.): Auslandseinsätze der Bundeswehr. Sozialwissenschaftliche Analysen, Diagnosen und Perspektiven, Berlin 2009, 277-293.

Stümke, Volker (2010): Überlegungen zur Legitimität der Operation Atalanta; in: Zeitschrift für evangelische Ethik 54/2010/1, 47-57.

Stümke, Volker (2011): Der Streit um die Atombewaffnung im deutschen Protestantismus; in: *Stümke, Volker / Gillner, Matthias* (2011, Hrsg.), 49-69.

Stümke, Volker (2011): Kindersoldaten aus ethischer Perspektive; in: *Bayer, Stefan / Gillner, Matthias* (2011, Hrsg.), 257-269.

Stümke, Volker (2012): Ist der militärische Kampf gegen Piraten ethisch legitimiert?, in: *Grieb, Volker / Tödt, Sabine* (2012, Hrsg.): Piraterie von der Antike bis zur Gegenwart, Stuttgart, 181-198.

Stümke, Volker (2013): Anthropologie der Gewalt; in: *Bohrmann, Thomas / Lather, Karl-Heinz / Lohmann, Friedrich* (2013, Hrsg.), 123-138.

Stümke, Volker / Gillner, Matthias (2011, Hrsg.)*:* Friedensethik im 20. Jahrhundert (Theologie und Frieden 42), Stuttgart.

Taylor, Charles (2002): *Varieties of Religion Today: William James Revisited*, Cambridge MA; deutsch (2002): Die Formen des Religiösen in der Gegenwart, Frankfurt M.

Taylor, Charles (2007):A Secular Age, Cambridge MA; deutsch (2009): Ein säkulares Zeitalter, Frankfurt M.

Tegtmeier, Catri / Tegtmeier, Michael A. (2014): Umgang mit Extremerfahrungen, in: *Bohrmann, Thomas / Lather, Karl-Heinz / Lohmann, Friedrich* (2014, Hrsg.), 299-314.

Theisen, Manfred (2005): *Amok*, München.

Timmermann-Levanas, Andreas / Richter, Andrea (2010): Die reden – Wir sterben. Wie unsere Soldaten Opfer der deutschen Politik werden, Frankfurt am Main.

Trauner, Karl-Reinhart (2004): Wehrethik: Militärethik und ihre biblischen Grundlagen, Wien.

Ulrich, Peter (2008⁴): Integrative Wirtschaftsethik, Bern.

Unger, Tim (2006, Hrsg.): Was tun? Lutherische Ethik heute, Hannover.

Ungerer, Dietrich (2003), Der militärische Einsatz, Potsdam.

Ungerer, Dietrich (2005): Nachrichtendienstliche Informationserkundung und Informationsbewertung, in: *Litzcke, Sven / Schwan, Siegfried* (2005, Hrsg.): Nachrichtendienstpsychologie 3 (Beiträge zur Inneren Sicherheit 25), Brühl, 43-59.

Ungerer, Dietrich (2007), Militärische Lagen. Analysen, Bedrohungen, Herausforderungen, Berlin.

Ungerer, Dietrich (2009): Menschenbild und Kampfverhalten, in: *Hartmann, Uwe / Rosen, Claus von / Walther, Christian* (2011, Hrsg.), 183-195.

Ungerer, Dietrich (2010): Töten, um zu überleben, in: Hammerich, Helmut R. / Hartmann, Uwe / Rosen, Claus von (2010, Hrsg.): Jahrbuch Innere Führung 2010, Berlin, 93-108.

Ungerer, Dietrich (2011): Auf dem Wege zu einer Einsatzethik, in: *Hartmann, Uwe / Rosen, Claus von / Walther, Christian* (2011, Hrsg.), 201-210.

Ungerer, Dietrich (2014): Militärische Operationen und ihre Auswirkungen auf Führer und Geführte, in: *Bohrmann, Thomas / Lather, Karl-Heinz / Lohmann, Friedrich* (2014, Hrsg.), 261-281.

Ungerer, Dietrich / Morgenroth, Ulf (2001): Analyse des menschlichen Fehlverhaltens in Gefahren-situationen. Empfehlungen für die Ausbildung, in: Zivilschutzforschung, Band 43. Bundesverwaltungsamt, Zentralstelle für Zivilschutz, Bonn.

Ungerer, Jörn / Zimmermann, Peter (2010): Psychische Grenzbelastungen am Hindukusch: Wie geht die Bundeswehr damit um? – Standortbestimmung und Perspektiven, in: *Hammerich, Helmut R. / Hartmann, Uwe / Rosen, Claus von* (2010, Hrsg.): Jahrbuch Innere Führung 2010, 109-119.

Ungerer, Jörn / Zimmermann, Peter (2012): Psychotraumatologie, in: *Neitzel, Christian / Ladehof, Karsten* (2012, Hrsg.): Taktische Medizin, Berlin/Heidelberg, 267-276.

Uslar, Rolf von / Schewick, Florian von (2009): Rotes Kreuz im Fadenkreuz? Gedanken zu Schutzzeichen und Rolle von Sanitätern in asymmetrischen Konflikten aus militärisch-taktischer, juristischer und ethischer Perspektive, in: Wehrmedizin und Wehrpharmazie 3/2009.

Wakin, Malham M. (1986, ed.): War, Morality, and the Military Profession, Boulder CO.

Walzer, Michael (2006): Arguing about War, Yale.

Walzer, Michael (2006³): Just and Unjust Wars: A Moral Argument with Historical Illustrations, New York NY.

Warburg, Jens (2010): Paradoxe Anforderungen an Soldaten im (Kriegs-) Einsatz, in: *Dörfler-Dierken, Angelika / Kümmel, Gerhard* (2010, Hrsg.), 57-75.

Weber, Max (2005): Wirtschaft und Gesellschaft. Grundriss der verstehenden Soziologie, Frankfurt M.

Wehler, Hans-Ulrich (2003): Deutsche Gesellschaftsgeschichte 1914-1949, Vierter Band. Vom Beginn des Ersten Weltkriegs bis zur Gründung der beiden deutschen Staaten, München, S.878-881.

Weigt, Jürgen (2014): Führungskultur und soldatisches Ethos der Bundeswehr im Einsatz, in: *Bohrmann, Thomas / Lather, Karl-Heinz / Lohmann, Friedrich* (2014, Hrsg.), 243-260.

Weingärtner, Dieter (2010, Hrsg.): Die Bundeswehr als Armee im Einsatz, Baden-Baden.

Weingärtner, Dieter / Krieger, Heike (2013, Hrsg.): Streitkräfte und nicht-staatliche Akteure, Baden-Baden.

Weiss, Wolfgang (2001): Allgemeine Rechtsgrundsätze des Völkerrechts, in: Archiv des Völkerrechts 39/2001, 394-431.

Wells, Donald A. (1996, ed.): An Encyclopedia of War and Ethics, Westport CT.

Werkner, Ines-Jacqueline / Kronfeld-Goharani, Ulrike (2011): Der Ambivalente Frieden: Die Friedensforschung vor Neuen Herausforderungen, Wiesbaden.

Werkner, Ines-Jacqueline / Liedhegener, Antonius (2009, Hrsg.): Gerechter Krieg – gerechter Frieden. Religionen und friedensethische Legitimationen in aktuellen militärischen Konflikten, Wiesbaden.

Werres, Björn (2014): Der Targeting-Prozess in der NATO. Die Methode Collateral-Damage-Estimation (CDE), in: *Gillner, Matthias / Stümke, Volker* (2014, Hrsg.), 47-50.

Wiesendahl, Elmar (2005, Hrsg.): Neue Bundeswehr – Neue Innere Führung? Perspektiven und Rahmenbedingungen für die Weiterentwicklung eines Leitbildes, Baden-Baden.

Wiesendahl, Elmar (2011): Zurück zum Krieger? Soldatische Berufsleitbilder zwischen Athen und Sparta, in: *Bayer, Stefan / Gillner, Matthias* (2011, Hrsg.), 237-256

Winkler, Heinrich August (2011): Geschichte des Westens. Die Zeit der Weltkriege 1914 - 1945, München.

Winkler, Heinrich August (2014): Geschichte des Westens. Vom Kalten Krieg zum Mauerfall, München.

Winkler, Heinrich August (2015): Geschichte des Westens. Die Zeit der Gegenwart, München.

Wohlgethan, Achim (2008): Endstation Kabul. Als deutscher Soldat in Afghanistan – ein Insiderbericht, Berlin.

Wohlgethan, Achim (2009): Operation Kundus. Mein zweiter Einsatz in Afghanistan, Berlin.

Wohlgethan, Achim (2010): Schwarzbuch Bundeswehr: Überfordert, Demoralisiert und im Stich gelassen, Bielefeld

Wolfersdorf, Manfred / Wedler, Hans (2002, Hrsg.): Terroristen-Suizide und Amok, Regensburg.

Zentrum Innere Führung der Bundeswehr (1987): Menschenführung im Gefecht (Texte und Studien 1), Koblenz.

Zentrum Innere Führung der Bundeswehr (1993): Menschenführung unter Belastung, Koblenz.

Ziegler, Karl-Heinz (2007²): Völkerrechtsgeschichte, München.

Zimmermann, Mike (2014): Hinterhalt am Baghlan River in Afghanistan. Eine Tagebuchaufzeichnung, in: *Gillner, Matthias / Stümke, Volker* (2014, Hrsg.), 31-38.

Ziolkowski, Katharina (2010): Gerechtigkeitspostulate als Rechtfertigung von Kriegen. Zum Einfluss moderner Konzepte des Gerechten Krieges auf die völkerrechtliche Zulässigkeit zwischenstaatlicher Gewaltanwendung nach 1945, in: *Weingärtner, Dieter* (2010, Hrsg.): 23-38.

Zippelius, Reinhold (2011⁶): Rechtsphilosophie, München.

Zippelius, Reinhold (2012⁶): Das Wesen des Rechts. Eine Einführung in die Rechtstheorie, Stuttgart.

Carola Hartmann Miles-Verlag

Politik, Gesellschaft, Militär

Uwe Hartmann, *Innere Führung. Erfolge und Defizite der Führungsphilosophie für die Bundeswehr,* Berlin 2007.

Hans-Christian Beck, Christian Singer (Hrsg.), *Entscheiden – Führen – Verantworten. Soldatsein im 21. Jahrhundert,* Berlin 2011.

Eberhard Birk, Winfried Heinemann, Sven Lange (Hrsg.), *Tradition für die Bundeswehr. Neue Aspekte einer alten Debatte,* Berlin 2012.

Angelika Dörfler-Dierken, *Führung in der Bundeswehr,* Berlin 2013.

Cornelia Fedtke, Kai-Uwe Hellmann, Jan Hörmann, *Migration und Militär. Zur Integration deutscher Soldaten mit Migrationshintergrund in der Bundeswehr,* Berlin 2013.

Wolf Graf von Baudissin, *Grundwert Frieden in Politik – Strategie – Führung von Streitkräften,* hrsg. von Claus von Rosen, Berlin 2014.

Wolf Graf von Baudissin, *Der Widerstand. „… um nie wieder in die auswegslose Lage zu geraten…",* hrsg. von Claus von Rosen, Berlin 2014.

Marcel Bohnert, Lukas J. Reitstetter (Hrsg.), *Armee im Aufbruch. Zur Gedankenwelt junger Offiziere in den Kampftruppen der Bundeswehr,* Berlin 2014.

Arjan Kozica, Kai Prüter, Hannes Wendroth (Hrsg.), *Unternehmen Bundeswehr? Theorie und Praxis (militärischer) Führung,* Berlin 2014.

Angelika Dörfler-Dierken, Robert Kramer, *Innere Führung in Zahlen. Streitkräftebefragung 2013,* Berlin 2014.

Eberhard Birk, Heiner Möllers (Hrsg.), *Luftwaffe und Luftkrieg,* Berlin 2015.

Einsatzerfahrungen

Kay Kuhlen, *Um des lieben Friedens willen. Als Peacekeeper im Kosovo,* Eschede 2009.

Sascha Brinkmann, Joachim Hoppe (Hrsg.), *Generation Einsatz, Fallschirmjäger berichten ihre Erfahrungen aus Afghanistan,* Berlin 2010.

Artur Schwitalla, *Afghanistan, jetzt weiß ich erst... Gedanken aus meiner Zeit als Kommandeur des Provincial Reconstruction Team FEYZABAD,* Berlin 2010.

Uwe Hartmann, *War without Fighting? The Reintegration of Former Combatants in Afghanistan seen through the Lens of Strategic Thought,* Berlin 2014.

Rainer Buske, *KUNDUZ. Ein Erlebnisbericht über einen militärischen Einsatz der Bundeswehr in AFGHANISTAN im Jahre 2008,* Berlin 2015.

Standpunkte und Orientierungen

Daniel Giese, *Militärische Führung im Internetzeitalter – Die Bedeutung von Strategischer Kommunikation und Social Media für Entscheidungsprozesse, Organisationsstrukturen und Führerausbildung in der Bundeswehr,* Berlin 2014.

Dirk Freudenberg, *Auftragstaktik und Innere Führung. Feststellungen und Anmerkungen zur Frage nach Bedeutung und Verhältnis des inneren Gefüges und der Auftragstaktik unter den Bedingungen des Einsatzes der Deutschen Bundeswehr,* Berlin 2014.

Uwe Hartmann (Hrsg.), *Lernen von Afghanistan. Innovative Mittel und Wege für Auslandseinsätze,* Berlin 2015.

Fouzieh Melanie Alamir, *Vernetzte Sicherheit – Quo Vadis?,* Berlin 2015.